KB196207

처음 시작하는
비트코인

[일러두기]

이 책은 원서와 달리 우리나라 사정과 설정에 맞지 않은 내용을, 가급적 우리나라 상황으로 바꿔서 넣었습니다. 원서 그대로의 번역이 아니라 편역이 반영되었음을 참고해주시기 바랍니다. 2024년 2월 기준으로 데이터 수치 및 내용을 일부 반영하였습니다.

돈이 되는 비트코인, 알트코인, 이더리움 투자법

처음 시작하는

비트코인

오쓰카 유스케 지음 | 안동현 옮김

RHK
알에이치코리아

비트코인이란?
블록체인이란?
NFT란?

누가 물어본다면 여러분은 이 용어가 무엇을 뜻하는지 설명할 수 있나요?

뉴스에서 접하지 않는 날이 없을 정도로 이 용어들은 세상에 널리 알려졌습니다. 그런데 어느 정도의 사람들이 그 내용을 이해할까요? 솔직히 그리 많지 않을 겁니다.

그렇다고 해서 "당연히 잘 알지"라며 애써 아는 척했던 이 단어를 이제 와서 새삼스럽게 묻기도 쉽지 않을 겁니다. 인터넷을 직접 뒤져봐도 오히려 정보가 너무 많아 무엇이 옳고, 그른지를 판단조차 할 수 없어 잘 모르겠다는 목소리도 적지 않습니다.

게다가 시시각각으로 진화하는 과학기술 덕분에 암호자산, 즉 가상 통화를 둘러싼 상황은 지금 어지러울 정도로 빠르게 변화 중입니다. 몇 년 전에 배운 지식은 더는 쓸모없을지도 모릅니다.

이에 투자를 생각하는 사람은 물론 사업을 하려는 사람에게도 필요한 기초 지식이라는 까닭에서 앞으로의 금융, 경제, 사회와 함께 반드시 알아야 할 정보를 이 한 권의 책에 정리했습니다.

어렵지 않은 입문서 수준이므로 꼭 끝까지 읽길 바랍니다.
지금부터 시대의 물결을 함께 넘어 볼까요?

지금 바로 시작하는
비트코인 입문

《처음 시작하는 비트코인(일본어판 원서 제목은 《새삼 묻기에는 부끄러운 비트코인과 블록체인いまさら聞けない ビットコインと ブロックチェーン)》》은 초판이 세상의 빛을 본 지 벌써 5년이 지났습니다. 다음은 그때 썼던 서문입니다.

──── 2017년은 비트코인 관계자의 환희와 비명으로 막을 열었습니다.

2016년 후반 '1BTC(비트코인 단위) = 6만 엔 대'로 안정이었던 비트코인 가격(비트코인과 엔의 교환 비율)이 11월부터 조금씩 오르더니 2016년 말에는 한때 12만 엔 대까지 올랐습니다. 새해가 밝아도 그 기세는 꺾일 줄 모르고 결국 15만 엔을 돌파하는 큰 소동이 있었습니다만, 그날 밤부터 갑자기 급락하여 날짜가 바뀔 무렵에는 한때 11만 엔 아래로 떨어지기도 했습니다(참고로, 비트코인 거래는 365일 24시간 이루어집니다. 명절이나 연말연시도 물론 쉬지 않습니다).

비트코인 가격이 급락한 것은 가격에 큰 영향을 끼치는 중국이 자본 규제를 강화할지도 모른다는 정보 때문이었으나 2017년 1월 6일 새벽부터 다시 오르기 시작해 점심 무렵에는 한때 13만 엔 대까지 회복하여 그 후 10만 엔 전후로 안정을 이루었습니다. 마치 롤러코스터를 탄 듯한 가격 변동이었습니다.

이후 2021년 11월 8일에는 최고가 '1BTC = 6만 8,790달러(업비트 종가 8,140만 3,000원)'를 기록했습니다. 불과 5년 전인 2017년 1,000달러 전후 가격으로 큰 소동을 일으켰던 것을 생각하면 참으로 격세지감을 느낍니다.

비트코인은 지금도 엄청나게 성장하고 있습니다. 최근 5년간 이처럼 가격이 오른 투자처는 좀처럼 찾기 어렵습니다. 그러다 보니 여전히 많은 사람이 비트코인에 투자합니다.

이 책을 읽는 여러분 중에는 이미 비트코인을 가진 사람도 있

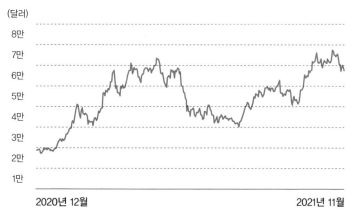

(달러)

8만
7만
6만
5만
4만
3만
2만
1만

2020년 12월   2021년 11월

그림 1 **비트코인 가격 추이**(2020년 12월~2021년 11월)

을 겁니다. 그러면 다들 잘 아는 비트코인이 아닌 알트코인은 어떤
가요?

스마트 계약smart contract 덕분에 하나의 거대한 세력이 된 이더리
움은 어떤가요? 최근 5년 동안 새롭게 등장한 키워드 '스테이블 코
인', '리브라(이름이 디엠으로 바뀜)', 'DeFi', 'ICO', 'IEO', 'NFT' 등은 또 어
떤가요?

이 책을 읽으면 최신 정보통신 기술 동향이나 그 배경, 원리, 가
능성까지 어렵지 않게 이해할 수 있을 겁니다. 물론, 비트코인을 사
본 적이 없더라도 걱정하지 마세요. 《처음 시작하는 비트코인》이
라는 제목에서도 유추할 수 있듯이 아무것도 모르는 초보자라도
끝까지 따라올 수 있도록 그 어떤 책보다 쉽고 자세하게 설명합니

다. 이 책을 완독한다면 분명히 누군가에게 비트코인과 블록체인에 관해 설명하고 싶어질 겁니다.

주된 과정은 6단계뿐

거래소 웹 사이트(또는 앱)에 로그인하면 '전자 지갑' 화면이 나타납니다. 전자 지갑은 비트코인을 넣을 '여러분의 전용 은행 계좌'라고 생각하면 됩니다. 다양한 메뉴가 있지만, 주된 과정은 다음 6단계입니다. ① 현금 입금하기, ② 현금 출금하기, ③ 코인 매수하기, ④ 코인 매도하기, ⑤ 코인 송금하기, ⑥ 코인 입금받기를 하나의 세트로 이해하면 알기 쉬울 겁니다.

① 현금 입금하기

현금 입출금 관련 메뉴입니다. 일본 엔, 원화 등 현금을 거래소 지정 계좌로 입금하면 그 금액 범위에서 비트코인을 살 수 있습니다. 입금 방법으로는 ① 은행 지정 계좌로 송금하기, ② 편의점 송금하기, ③ 휴대전화 금융 기관에서 입금하기 등이 있습니다. 각 메뉴 화면 지시에 따라 입금하세요.

② 현금 출금하기

비트코인을 판 대금을 출금할 때 사용할 입금 은행 계좌를 등록합니다. 거래소에 맡긴 금액 중 현금으로 찾을 금액을 지정하면 해당 금액을 여러분의 은행 계좌로 입금합니다.

③ 코인 매수하기

비트코인을 매매할 때 사용하는 메뉴입니다. 현금을 내고 비트코인을 사는 것을 '비트코인 매수'라고 하며 비트코인으로 일본 엔, 원화를 비롯한 현금을 사는 것을 '비트코인 매도'라고 합니다.

메뉴 화면에서 사고자 하는 비트코인 개수를 입력하면 필요한 현금을 자동으로 표시합니다. 예를 들어, '1BTC = 500만 원'이라면 '0.001BTC'를 입력하면 5,000원', '0.01BTC'를 입력하면 5만 원'으로 표시하므로 그 금액이 올바르다면 '매수하기' 버튼을 클릭합니다. 이렇게 하면 비트코인 매수 완료입니다. '코인 매수하기'의 옵션으로 '신용카드로 매수하기' 방법도 있습니다. 현금을 입금하고 비트코인을 매수하는 것이 아니라 신용카드로 직접 사는 방법입니다.

④ 코인 매도하기

여러분이 산 비트코인은 컴퓨터나 스마트폰에 내려받는 것이 아니라 거래소 서버에 저장됩니다. 앞으로 오를 것으로 생각하여 계속 보유해도 좋고, 현금화하고 싶을 때 팔 수도 있습니다.

메뉴 화면에서 팔고자 하는 비트코인 개수를 입력하면 판매 대금이 자동으로 현금으로 표시되므로 금액이 맞다면 '매도하기' 버튼을 클릭합니다. 이것으로 비트코인 매도 완료입니다. 매도 대금은 그대로 두어도 좋고 현금화하고 싶다면 ② '출금하기' 메뉴로 이동하세요.

⑤ 코인 송금하기

비트코인 송금과 대금 결제 관련 메뉴입니다. 자신이 가진 비트코인을 다른 사람에게 보내거나 상품을 살 때 사용하려면 '코인 송금하기' 메뉴를 이용합니다. 예를 들어, A에게 0.001BTC를 보내고 싶을 때는 A가 알려준 보낼 곳의 비트코인 주소로 0.001BTC를 보내면 됩니다.

비트코인 주소는 예를 들어 '1AavpCP7jHKFYXb7NP9p5naf1FQ1SZ7Zxw'처럼 무작위 문자열입니다. 비트코인 전용 메일 주소라고 생각하세요. 단, 일반적인 메일 주소와 달리 보낼 때마다 새로운 주소가 발행됩니다.

비트코인 주소는 QR 코드 리더로 읽을 수 있습니다. 가게나 온라인 쇼핑몰에서 사용할 때도 가게가 발행한 QR 코드를 스마트폰으로 읽으면 일일이 비트코인 주소를 입력하지 않아도 되므로 편리합니다.

⑥ 코인 입금받기

자신이 비트코인을 보낼 때뿐 아니라 누군가가 보낸 비트코인을 받을 수도 있습니다. 예를 들어, 무언가를 판 대가로 비트코인을 받거나 은행 송금 대신 보낸 비트코인을 받는 때를 들 수 있습니다. 메뉴 화면을 열면 입금용 비트코인 주소가 표시되므로 이를 송금할 상대에게 알립니다. 또는 함께 생성되는 QR 코드를 상대에게 보내면 주소를 입력하는 수고를 덜 수 있습니다.

비트코인 사용법 설명은 이것으로 끝입니다. 실제로 해보면 놀랄 정도로 간단하다는 것을 알 수 있을 겁니다. 지금까지 설명한 내용을 그림으로 정리한 것이 〈그림 2〉입니다. 돈의 흐름과 비트코인의 흐름을 나누어 생각하면 어렵지 않게 이해할 수 있을 겁니다.

전체 모습은 이해했으리라고 생각하므로 이제부터는 그 본질을 설명합니다. 도대체 비트코인이란 무엇일까요?

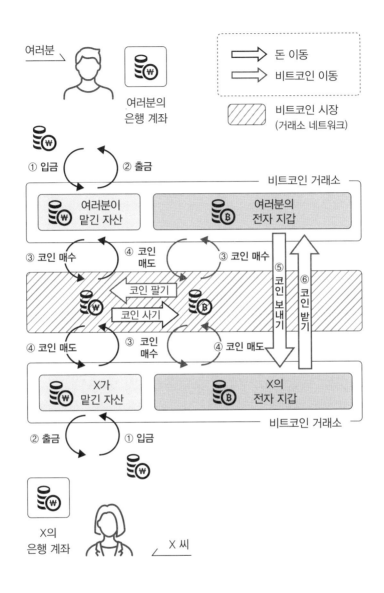

그림 2 그림으로 설명한 비트코인 거래 모습

4장 블록체인의 진화와 확장 _175

5장 이더리움이 열어갈 미래 _243

1장

비트코인이
뭘까?

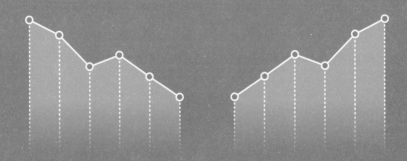

1. 비트코인의 6가지 얼굴

──────── 비트코인은 ① 실체가 없는 가상의 돈으로(가상 통화), ② 전자 데이터에 불과하며(디지털 통화), ③ 특정 국가에 속하지 않고 (국제 통화), ④ 모두가 운영하며(분산형 통화), ⑤ 암호를 푸는 키가 없으면 보낼 수 없고(암호 화폐), ⑥ 투자 대상이기도 합니다(가상 자산).

비트코인BTC은 '가상 통화'나 '가상 자산'의 하나라고 합니다. 그러나 이렇게 정리하는 방법은 비트코인에 있는 하나의 모습만 드러낸 데 지나지 않습니다. 비트코인은 아날로그 현금과는 다른 '디지털 통화'로, 특정 국가에 속하지 않고 전 세계에서 통용되는 '국제 통화'이기도 하며, 누군가가 도맡아 관리하는 것이 아니라 전 세계 많은 사람이 함께 운용하는 '분산형 통화'이기도 합니다.

각각이 뜻하는 바는 무엇일까요? 이를 현금이나 은행 예금과의 차이와 함께 설명하고자 합니다.

실체가 없는 '가상의 돈'

현금이라는 단어를 들었을 때 머릿속에 가장 먼저 떠오르는 것은 5만 원짜리 지폐나 백 원, 5백 원짜리 동전일 겁니다. 일본의 '엔'이나 미국의 '달러'는 실제 지폐나 동전이므로 손으로 만질 수 있고 지갑에 넣어 다닐 수도 있습니다.

'가상 통화virtual currency'인 비트코인은 실체가 없는 가상의 돈이므로 손으로 만질 수 없습니다. 그러나 '전자 지갑'이라 불리는 전용 월렛wallet에 넣어 다닐 수는 있습니다. 전자 지갑도 실제로는 가상이기는 합니다만, 스마트폰이나 컴퓨터에 전자 지갑 앱을 설치하면 언제 어디서든 사용할 수 있습니다.

스마트폰을 잃어버리면 전자 지갑도 함께 잃어버릴 가능성이 없는 것은 아니나 지금은 얼굴 인식 등 보안 기능을 갖춘 스마트폰이 대부분입니다. 또한, 분실했을 때 스마트폰의 데이터를 지울 수 있는 장치도 있으므로 현금을 넣은 지갑을 가지고 다니는 것보다는 안전하다고 할 수 있을 겁니다.

참고로, 비트코인 그 자체는 스마트폰에 내려받는 것이 아니라 대부분 클라우드에 보관하므로 스마트폰 데이터를 완전히 지우더라도 비트코인을 잃어버릴 염려는 없습니다. 즉, 다른 스마트폰으로 다시 로그인하면 여전히 남아 있으므로 괜찮습니다.

어디든 들고 다닐 수 있는 '전자 데이터'

현금은 은행에 맡길 수도 있습니다. 여러분이 은행에 맡긴 돈은 5만 원 지폐나 만 원 지폐 그대로 은행 금고에 보관해 두는 것이 아니라 다른 사람에게 대출하거나 은행 운영비로 쓰이는 등 실시간으로 그 모습이 변합니다. 이렇게 본다면 예금 통장에 기록된 금액 역시 통장에 적힌 숫자, 즉 전자 데이터에 지나지 않습니다.

은행 예금은 언제든지 찾을 수 있습니다. ATM에서 꺼냈을 때 비로소 전자 데이터는 실물 현금으로 그 모습을 바꿉니다. 이런 흐름에서 생각한다면 은행 예금은 현금이라기보다는 디지털 통화에 가깝습니다. 교통 카드 기능을 추가한 신용카드나 네이버 페이, 애플 페이 등의 간편 결제가 널리 퍼지면서 현금 없이 다니는 사람도 많습니다. 결제 후 잔돈을 받는 것도 귀찮고 지갑에 돈을 넣어 다니기도 번거롭기 때문입니다.

'디지털 통화'이기도 한 비트코인은 전자 데이터에 불과하므로 아무리 금액이 커지든 잘게 나누어지든 드는 수고는 마찬가지이므로 번거롭지 않습니다. 1원 단위 결제부터 돈이 있다면 수천만 원, 수억 원 단위 결제까지 모두 똑같은 전자 지갑을 이용하여 수행할 수 있습니다. 단, 비트코인 그대로를 일반 은행에 예금할 수는 없습니다. 앞서 이야기했듯이, 여러분이 산 비트코인은 자기 스마트폰이나 컴퓨터에 내려받는 것이 아니라 거래소에서 준비한 클라우드에 맡긴 상태이기 때문입니다.

주식을 사더라도 현물 증권을 받는 것이 아니라 증권사에 맡긴 채 매도나 매수 지시를 내려 실제 거래를 대행하도록 하는 것처럼 (지금은 디지털화하여 실물 증권 자체가 드물지만), 비트코인 거래에서도 여러분은 앱으로 지시를 내릴 뿐입니다. 지시를 받은 비트코인 거래소 등이 실제 송금을 실행합니다.

특정 국가에 속하지 않는 '국제 통화'

국내에서는 '원'으로 결제 대부분이 이루어지고 미국에서는 '달러'로 모든 것을 사고팔 수 있듯이 각 나라의 통화는 그 통화를 발행한 나라와 떼려야 뗄 수 없는 관계입니다.

한국은행이나 미국 연방준비제도이사회^{FRB}, 유럽 유럽중앙은행^{ECB} 등 각 나라의 중앙은행은 통화를 발행하고 발행한 통화량^{money} ^{supply}을 통제하여 금리나 경기에 영향을 주고자 합니다.

비트코인은 특정 국가나 중앙은행에 해당하는 조직이 발행하는 것이 아닙니다. 나라가 이를 통제할 수도 없으므로 세계 어디서든 똑같은 가치로 사용할 수 있습니다(해당 국가에 이를 받아들일 준비가 되었을 때). 이런 뜻에서 참된 의미의 '국제 통화'라 할 수 있습니다.

'민주적인 운용'과 '분산형 네트워크'

어느 한 나라가 발행하고 관리하는 것이 아닌 비트코인은 네트워크에 참가한 사람이 주체가 되어 자신이 직접 운용합니다. 전 세계 어느 곳이든 1일 24시간, 365일 이루어지는 거래를 참가자가 서로서로 승인하여 '정상 거래'를 담보합니다.

이를 떠받치는 것이 P2P 네트워크를 이용한 분산 처리 시스템입니다. 자세한 원리는 2장에서 설명하겠지만, 중앙 서버에 집중해서 처리하는 것이 아니라 네트워크로 연결된 전 세계의 컴퓨터가 거래가 올바른지를 승인하므로 세계 곳곳에서 이루어집니다. 누구 한 사람이 집중해서 관리하는 게 아니라 참여자 서로의 승인으로 운용하므로 매우 '민주적인 통화'라고 할 수 있고, 중앙집권형 클라이언트-서버 방식과는 정반대인 '분산형 통화'라고도 할 수 있습니다.

비트코인은 '암호'로 서명한 '원장' 기술

돈을 들고 다닐 수는 있으나 길에 떨어진 '5만 원짜리 지폐'의 주인이 나라고 손들 수는 없습니다. 돈에 소유자의 이름을 쓸 수도 없는 노릇이므로 이 5만 원 지폐든 저 5만 원 지폐든 누구의 것이라 특정할 수 없기 때문입니다.

우연히 이를 손에 넣은 사람이 잠시 '5만 원이라는 가치'를 가진 것일 뿐이므로 누군가가 5만 원 지폐를 훔쳐 어디선가 사용해 버렸다면 이를 받은 사람에게 "이 5만 원 지폐는 원래 내 것이니 돌려주세요"라는 말은 통하지 않습니다.

이와 달리 비트코인은 '전자 서명'이라는 암호 기술을 이용하므로 현재 소유자의 허락 없이는 그 누구에게도 줄 수 없습니다. 즉, A의 허가 없이 A가 가진 비트코인을 B 마음대로 소유할 수는 없습니다.

이뿐만이 아닙니다. 비트코인에는 과거부터 현재까지 모든 소유자를 기록합니다. 예를 들어, 과거에 A가 10BTC(비트코인 단위로 '○원', '○달러' 표시와 마찬가지)를 소유했고 그중 3BTC를 B에게, 1BTC를 C에게 보냈고, 다시 B가 0.5BTC를 D에게 보냈다면 지금은 A가 6BTC, B가 2.5BTC, C가 1BTC, D가 0.5BTC를 가진 상태입니다. 이러한 모든 거래 명세를 '블록체인blockchain'이라 부르는 '원장'에 기록합니다.

'암호'로 보호하는 이 원장 덕분에 비트코인이 어떤 거래를 거쳐 현재에 이르렀는지, 필요하다면 거슬러 올라가 그 명세를 확인할 수도 있습니다. 이런 성질이 있으므로 실제 비트코인을 비롯한 가상 통화 대부분은 돈세탁처럼 부정한 목적으로 사용하기는 어렵습니다. 뜻밖에도 많은 사람이 이 사실은 잘 모릅니다.

투자 대상으로 매력적인 '자산'

지금까지 살펴본 대로 비트코인은 현금을 대신하는 '통화'로서의 일면이 있기는 하지만, 실제 비트코인을 사는 이유는 추가 결제수단을 확보한다기보다는 매력적인 투자 대상으로 보는 사람이 대부분이기 때문입니다. 즉, 비트코인을 가지고 있으면 가까운 미래에 가격이 올라 돈을 벌 수 있으리라고 기대하기 때문에 산 것입니다.

비트코인을 비롯한 가상 통화를 '암호자산'이라고 부르곤 합니다. 이는 주식이나 채권, 부동산, 금 등과 마찬가지로 '자산asset'으로 그 가치를 인정하기 때문입니다. 주식이나 채권, 부동산 투자 신탁을 사거나 현물 부동산을 사거나 상품 선물을 사거나 외환 거래FX로 외화를 사거나 하는 것과 마찬가지로 비트코인으로 상징되는 암호자산을 삽니다. 특히 엄청난 성장세를 보이는 암호자산은 가격 인상률이 높은 고성능 투자처로 주목받고 있습니다.

잠시 후 자세히 살펴보겠지만, 비트코인의 기반이 되는 기술은 아직 발전 중입니다. 그러므로 결제에 시간이 걸리는 등 일상생활에서 또 하나의 결제 수단으로 사용하기에는 아직 적당하지 않습니다. 이런 이유 탓에 비트코인을 샀다고 해서 바로 이를 사용하는 사람은 거의 없습니다. 우선은 가지고 있을 수밖에 없습니다.

그런데 왜 굳이 이런 걸 살까요? 그대로 가지고 있으면 언젠가

❶	실체가 없는 가상의 돈 (가상 통화)	❹	민주적인 운용과 P2P 네트워크 (분산형 통화)
❷	어디든 들고 다닐 수 있는 전자 데이터 (디지털 통화)	❺	암호를 푸는 키가 없으면 보낼 수 없는 원장 기술(암호 통화)
❸	특정 국가에 속하지 않음 (국제 통화)	❻	투자 대상으로 매력적인 자산 (암호 자산)

비트코인
Bitcoin

그림 3 비트코인의 6가지 얼굴

가격이 올라 돈을 벌 것이라고 기대하는 사람이 많기 때문입니다. 긴 안목으로 본다면 정보통신 기술이 더 발전하여 통화로써 사용하기에도 편리해질 겁니다. 그렇게 되면 비트코인으로 월급을 주고받거나 편의점이나 마트, 식당에서도 비트코인으로 결제하는 날이 올지도 모릅니다.

　이런 미래를 상상하면서 당분간은 가격이 오를 전망이 밝은 '자산'의 하나로 비트코인 투자를 바라보는 것이 좋지 않을까요?

2. 비트코인은
어떻게 사는 걸까?

비트코인을 사는 방법은 다음 5가지입니다. ① 외화 사듯이 비트코인 사기, ② 누군가가 송금해 주기, ③ 포인트와 바꾸기, ④ 비트코인 직접 발굴하기(채굴), ⑤ 비트코인 빌려주고 이자 받기(렌딩)

비트코인을 비롯한 가상 통화, 암호자산은 어디서, 어떻게 구매할 수 있을까요? 비트코인을 구매하는 방법은 크게 5가지입니다. 지금부터 이에 관하여 자세히 살펴보겠습니다.

외국 돈을 사듯이 비트코인 사기

먼저 비트코인은 통화와 거의 같으므로 외국 돈을 살 때와 비슷한 방법으로 살 수 있습니다. 외국으로 여행을 떠날 때 자국 돈으로 달러나 유로화를 사는 것과 마찬가지입니다. 단순한 교환처럼 보이지만, 환전이란 원으로 달러를 사는 행위입니다. 물론 그 반대도 가능합니다.

원을 비트코인으로 바꾸는 것을 '비트코인 매수'라고 하고, 비트코인을 원으로 바꾸는 것을 '비트코인 매도'라고 합니다. 예를 들어, 교환 비율이 '0.01BTC = 50만 원'일 때 10만 원을 내면 0.002BTC를 살 수 있습니다. 반대로, 0.002BTC를 원으로 바꾸면 10만 원입니다.

이러한 거래는 일반적으로 비트코인을 다루는 거래소를 통해 이루어집니다. '거래소'라 해도 은행 창구와 같은 것이 아니라 모든 것이 온라인으로 이루어지므로 컴퓨터로 인터넷에 접속하거나 스마트폰 앱으로 거래합니다. 이것이 비트코인을 구매하는 가장 일반적인 방법입니다.

비트코인 송금은 수수료가 무척 저렴하다

두 번째 방법은 누군가가 송금한 비트코인을 받는 것입니다. 받는다고 해도 비트코인은 손으로 만질 수 없으므로 앱으로 누군가가 보내면 마찬가지로 앱을 통해 이 내용을 확인할 뿐입니다. 엄밀히 말하면, 대부분은 비트코인 데이터 그 자체를 받는 것이 아니라 거래소로부터 "받았습니다"라는 메시지를 받을 뿐입니다. 이때 보낸 비트코인은 거래소가 여러분 대신 보관합니다. 직접 데이터를 갖는 게 아니라 클라우드에 저장한다고 생각하세요.

비트코인을 받는 방법은 간단합니다. 전용 앱이나 웹 사이트에서 비트코인 주소를 만들고 이를 보낸 사람에게 알리면 끝입니다. 사람들끼리 돈을 주고받을 때는 은행 이체를 이용하는 것이 일반적이나 인터넷 뱅킹을 사용하지 않는다면 ATM이 있는 곳이나 우체국을 직접 방문해야 하며 나름의 수수료도 듭니다.

비트코인은 송금 수수료가 비교적 저렴하고 간단한 앱 조작만으로 24시간 언제든 보낼 수 있으므로 친구 대신 결제한 돈을 받을 때나 정기적으로 보내는 송금 등에서도 비트코인으로 주고받을 때가 올지도 모릅니다. 특히 국가 간 국제 송금은 수수료가 만만치 않으므로 외국에 있는 사람과 비트코인으로 돈을 주고받는 상황이 늘어날 것으로 예상합니다.

가게를 운영하는 사람이라면 결제 수단에 비트코인을 추가하면 상품 대금을 비트코인으로 받을 수 있습니다. 신용카드에 비해 수수료가 저렴하고, 입금 확인 후 바로 현금으로 바꿀 수 있는 서비스도 있어서 자금 운용 면에서도 유리합니다.

쌓아 둔 포인트를 비트코인으로 바꾸기

세 번째는 각종 포인트 서비스를 통해 쌓은 포인트를 비트코인
으로 바꾸는 방법입니다. 예를 들어, 'OK캐쉬백 포인트'를 코빗에
서 '1포인트 = 1원' 비율로 전환해 비트코인 등과 교환할 수 있습니
다. 느닷없이 현금을 입금하기가 부담스러운 사람이라면 자신이
가진 포인트와 바꾸는 것이므로 가벼운 마음으로 비트코인 투자
를 시작할 수 있을 겁니다.

채굴로 새로운 비트코인 찾기

네 번째는 새로운 비트코인을 찾는 '채굴^{mining}'입니다. 비트코
인은 참가자가 서로 승인하며 운영하는 방식으로, 이 승인 작업을
'채굴'이라 부릅니다. 자세한 원리는 나중에 다시 설명하겠습니다.
우선은 10분마다 '시작!' 신호와 함께 채굴 경주가 반복된다고 생
각하세요. 전 세계에서 이루어지는 거래를 승인하기만 하는 데도
엄청난 컴퓨팅 자원이 필요합니다. 그러므로 비용과 시간을 들여
채굴 경주에 참여해 당당하게 1등을 차지한 사람에게는 비트코인
을 보상으로 지급합니다.

비트코인은 국가나 중앙은행과 같은 발행 주체가 없다고 했지

만, 10분마다 반복되는 채굴 경주 승자에게는 새롭게 발행한 일정량의 비트코인을 보상으로 지급하는 게 규칙입니다.

서로 승인하는 작업에 보상 없이 자원봉사에만 의존한다면 결국 누구도 참여하지 않게 되므로 운영에 적극 참여한 사람에게는 제대로 된 보상을 주도록 보상 제도를 설계한 것입니다. 참고로, 현재 채굴 보상은 1회당 6.25BTC입니다. 1BTC = 5,000만 원이라면 무려 3억 1,250만 원이군요. 이렇게 큰 금액이 걸렸으므로 경쟁에 참여하는 사람 모두가 필사적입니다.

비트코인이 막 생겼을 무렵 소수만이 주고받을 때는 개인 컴퓨터로도 경쟁에 참여할 수 있었습니다. 그런데 지금은 엄청난 컴퓨팅 능력과 이를 뒷받침하는 전력이 있어야 하므로 일반인이 참가할 수 있는 수준이 아닙니다. 참고로, 비트코인 가격이 엄청나게 올라 채굴이 돈이 된다는 소문이 퍼지면서 채굴 전용 컴퓨터의 가격도 천정부지로 올라 최저 가격만 해도 1억 원 단위, 본격적으로 참여하려면 수십억 원의 투자가 필요하다고 합니다.

그러나 굳이 새로 채굴하지 않더라도 이미 많은 양이 유통되고 있으므로 시장에서 거래되는 비트코인을 사는 것이 가장 빠르게 비트코인을 구하는 방법일 겁니다.

소유한 비트코인 빌려주고 이자 받기

지금까지 살펴본 4가지 방법은 비트코인이 없는 사람이 이를 새롭게 얻는 방법을 중심으로 설명한 것입니다. 그러나 비트코인 가격이 오랫동안 계속 오른 덕분에 이미 많은 사람이 비트코인 투자를 시작했습니다. 그 결과, 비트코인을 가진 사람의 수도 점점 늘었습니다. 다만, 이전에 100만 원에 산 비트코인이 지금은 150만 원, 300만 원으로 올랐다면 누구든 기쁘겠지만, 50만 원, 200만 원 '이익'은 자산 자체의 가치 상승에 지나지 않을 뿐, 이를 팔아 이익을 실현하지 않는 한 손에 쥘 수는 없습니다.

그럼에도 이렇게 가격이 오른다면 그대로 보유하더라도 더 오르리라고 생각하는 것이 인지상정입니다. 이런 생각 때문일까요? 팔지 않고 계속 가지고만 있는 사람이 늘게 되었습니다. 계속 보유하기만 하므로 이들을 '장기 보유자'라 부릅니다.

내가 가진 비트코인이 얼마까지 오를 것인지 상상하면서 지내는 시간은 즐겁습니다. 그러나 팔지 않고 소유하기만 한 비트코인은 잠든 상태입니다. 당장 돈으로 바꾸어 그 돈을 다른 곳에 투자하면 그만큼 이익을 얻을지도 모릅니다.

이렇게 생각하니 파는 것도 아깝지만, 팔지 않고 내버려두는 것역시 아깝다는 생각이 듭니다. 이런 사람을 위해 자신이 가진 비트코인을 사업자에게 일정 기간 빌려주고, 그 기간이 지나면 몇 %의 비트코인을 이자로 더하여 받는 '렌딩lending' 서비스가 등장했습니다. 돈을 빌려주면 원금에 이자를 더해 갚는 것과 마찬가지로 비트코인을 빌려주고 이자에 해당하는 만큼 추가로 비트코인을 받는 서비스입니다.

3. 비트코인은 다른 자산과 무엇이 다를까?

───── 비트코인은 ① 국가에 대한 신용에 기반을 둔 달러나 원과 달리 알고리즘에 대한 신용에 기반을 두며, ② 레버리지(차입 투자) 상한이 2배이고(외환 거래는 최대 10배), ③ 기업 성장에 투자하는 주식이나 투자 신탁과 달리 정보통신 기술 발전에 투자하는 게 기본입니다.

앞에서 비트코인은 일상생활에서 결제할 때 사용하는 통화라는 측면보다는 '자산' 측면이 강하다고 설명했습니다. 이와 비슷한 투자로는 외환, 주식, 채권, 부동산 등을 들 수 있는데, 비트코인 투자는 이러한 투자와 어떤 면에서 다를까요?

애당초 투자란 무엇일까?

'자산'이란 먼저 ① 돈으로 살 수 있는 물건입니다. 예를 들어, 가

족과의 추억이 깃든 앨범이 자신에게는 소중한 것이라도 사겠다는 사람이 나타나지 않는다면 가격을 매길 수 없으므로 이를 '자산'이라 일컬을 수는 없습니다. 가족이나 친구와의 소중한 인연이 자신에게는 '재산'일지도 모르나 돈으로 살 수 없다면 '자산'이라 부를 수 없기 때문입니다.

이와 함께 자산이란 ② (어느 정도 오랜 기간) 가치가 없어지지 않는 것이며, 좀 더 깊게 들어가면 ③ 장래 가치가 늘어나리라고 기대할 수 있는 것이 '자산'으로 바람직합니다. 모처럼 돈을 들여 사더라도 금방 없어지거나 사용할수록 가치가 줄어든다면 돈을 내고 투자할 의미가 없기 때문입니다.

예컨대 먹을거리나 일용품은 사고 나서 (비교적 짧은 시간 안에) '소비'합니다. 더욱이 1년 동안 보관해 둔다고 해서 가치가 오르지는 않습니다(오히려 유통 기간이 끝나 가치가 사라질 가능성도 있습니다). 옷 등은 몇 년이 지나도 이상이 없을지도 모르나 한 번 사용하면 '중고품'이 되고 중고시장 등에 팔더라도 원래 샀던 가격 이상을 받는 일은 매우 드뭅니다. 이를 한마디로 '상품'이라 표현하고, 일반적으로 '자산'과는 구별합니다.

단, 일부 희소성이 있는 상품이라면 산 가격 이상으로 거래할수도 있습니다. 이러한 희소 아이템은 사용하지 않고 계속 두면 골동품처럼 가치가 생기기도 합니다(오래된 장난감 컬렉션 등). 웃돈을 주더라도 갖고 싶은 사람이 있다면 시장은 형성됩니다. 이런 뜻에서 일부 상품은 자산으로 변할 가능성이 있다고 할 수 있습니다.

'가까운 미래에 반드시 가격이 오를 것'이라는 기대

그렇지만 실제 투자 대상이 되는 것은 많은 사람이 '지금 사면 미래 팔 때 가격이 오를 것'이라 기대하는 것입니다. 1,000만 원에 산 것을 1,100만 원이 된 시점에 팔면 100만 원을 법니다. 그러나 1,000만 원에 샀던 것이 900만 원으로 떨어진다면 팔지 않고 계속 소유하는 편이 좋을지도 모릅니다. 판 시점에 100만 원의 손해가 확정되기 때문입니다. 지금 산 것이 가까운 미래에 가격이 오른다면 그 차액은 이익이 됩니다. 거꾸로 말하면 장래 반드시 가격이 내린다고 판단한다면 애초부터 살 마음은 없을 겁니다. 비트코인을 비롯한 암호자산을 '자산'으로 인정하는 것은 장래 반드시 가격이 오를 것이라는 기대가 크기 때문입니다.

비트코인은 '은행 예금'과 무엇이 다를까?

저금리 시대가 오랫동안 계속된 탓에 잊었는지도 모르겠지만, 은행에 돈을 맡기면 일정 기간마다 '이자'가 붙습니다. 즉, 은행 예금도 액수가 많지는 않지만 미래 가치가 늘어나리라고 기대하는 '자산'의 하나로 볼 수 있습니다. 비트코인과 현금(혹은 예금)이 무엇이 다른지는 앞서 설명했으므로 여기서는 간단하게 2가지만 지적하고자 합니다.

먼저, 손에 넣은 비트코인은 전자 지갑에 넣어 직접 관리할 수도 있고 줄곧 거래소에 맡길 수도 있습니다. 즉, '장롱 예금'처럼 직접 보관하는 사람도 있고, 은행 예금처럼 거래소가 대신 보관하도록 한 사람도 있습니다. 사람 수로 보자면, 거래소에 보관한 사람이 훨씬 더 많습니다. 이럴 때는 팔고자 할 때 거래소에 지시를 내려 팔도록 하고, 사고 싶을 때는 지시를 내려 거래소가 대신 사도록 합니다. 이렇게 하는 것이 직접 하는 것보다 간단하고 안전하기 때문입니다. 물론 자신이 가진 비트코인 잔액은 예금 통장처럼 온라인으로 확인할 수 있습니다.

단, 은행 예금과 달리 암호자산에는 예금 보험 제도가 없습니다. 은행이 파산하더라도 은행 예금은 최대 5,000만 원까지 나라가 보증하나 암호자산 거래소가 이런저런 사정으로 파산하면 그곳에 맡긴 자산은 일부를 제외하고 돌려받을 수 없습니다. 이런 점은 조심해야 합니다.

비트코인은 '달러'나 '유로'와 무엇이 다를까?

비트코인은 달러나 유로 등의 외화와 마찬가지로 사고팔 수 있습니다. '1달러 = 1천 원'이라면 1달러를 손에 쥐고자 1천 원을 내고(달러 매수=원 매도), 1달러를 원으로 환전하면 1천 원을 받을 수 있습니다(달러 매도=원 매수). 마찬가지로 '0.01BTC = 50만 원'이라면 0.01BTC를 손에 쥐고자 50만 원을 내고(비트코인 매수=원 매도), 0.01BTC를 원으로 바꾸면 50만 원을 받을 수 있습니다(비트코인 매도=원 매수).

차이점이 있다면, 달러나 유로 그리고 원 모두 국가나 지역(엄밀히 말하면 중앙은행)에서 발행한다는 점입니다. 미국이나 유럽연합, 한국이라는 국가의 신용에 따라 1달러는 1달러, 1유로는 1유로, 5만 원은 5만 원의 가치가 있는 것입니다. 그러므로 국가의 신용이 붕괴되면 그 국가의 통화는 폭락합니다. 과거에도 여러 번 있었던 '통화 위기'는 해당 국가의 경제가 파탄하여 더는 빚을 갚지 못하는 게 아닌가 하는 의심이 생겼기 때문입니다. 즉, 국가가 신용을 잃은 결과 그 나라의 통화를 투매하는 바람에 폭락한 것입니다. 가치 없는 종잇조각이 되기 전에 싼 가격이라도 이를 팔고 조금이라도 원금을 회수하는 편이 낫기 때문입니다.

이와 달리 비트코인은 발행 주체가 없습니다. 특정 국가에 속하지도 않고 중앙집권 조직이 관리하지도 않습니다. 그런데도 비트코인에 가치가 생긴 이유는 비트코인을 떠받치는 '블록체인'이라는 기술을 믿기 때문입니다. 비트코인은 고도의 기술로 의도적으로 위조 또는 변조하거나 누군가가 가로챌 염려가 거의 없습니다. 이뿐만 아니라 블록체인의 기반 기술은 앞으로도 계속 발전하여 사용하기도 쉬워질 것으로 예상합니다. 그렇게 되면 지금보다 더 보급될(수요가 늘어 가격이 오를) 가능성이 큽니다.

게다가 비트코인은 특정 국가가 지배할 수 없으므로 정치적으로도 중립입니다. 동시에 특정 국가의 경제 상황도 영향을 미치지 못합니다. 생각하고 싶지 않은 미래이지만, 어느 날 비상사태로 원이 폭락하더라도 비트코인은 이와 상관없을 겁니다. 오히려 '원 매도 = 비트코인 매수'가 늘어나 비트코인 가격이 큰 폭으로 오를지도 모릅니다.

비트코인의 가치는 국가가 아닌, 이를 떠받치는 알고리즘에 대한 신용으로 이루어집니다. 그리고 블록체인 기술은 지금보다 더 발전하리라는 기대가 '가까운 미래에 가격이 오를 것'이라는 전망을 뒷받침합니다.

비트코인 투자와 FX는 무엇이 다를까?

외국에 가서 현지 돈으로 바꾸거나 해외 온라인 쇼핑몰에서 물건을 살 때를 제외하면 여러분이 할 수 있는 가장 가까운 외환 거래는 FX일 겁니다. FX는 적은 자금으로도 가볍게 시작할 수 있는 외화 투자로 인기가 높습니다. 일반적인 외화 환전은 '1달러 = 1천 원'일 때 1만 달러를 바꾸고 싶다면 1,000만 원을 준비해야 합니다(수수료 제외). 이와 달리 FX에서는 전용 계좌에 수십만에서 수백만 원가량의 '증거금'을 맡기면 1만 달러 이상도 거래할 수 있습니다. 증거금의 몇 배까지 거래할 수 있는지를 '레버리지leverage'라 하며 일본에서는 최대 10배까지 거래할 수 있습니다. 즉, 증거금이 130만 원이라면 '1,300만 원 = 1만 달러'까지 거래할 수 있습니다(수수료 제외).

비트코인을 비롯한 암호자산 투자에도 레버리지가 있으나 일본의 국내 거래소는 이를 허용하지 않습니다. 예를 들어, 레버리지가 2배라면 1,000만 원어치를 거래하고 싶을 때 500만 원만 있으면 됩니다. 이처럼 비트코인 투자는 FX보다 레버리지 배율이 낮게 설정되므로 손에 쥔 적은 투자금보다 더 큰 금액을 움직일 수는 없으나 원리는 둘 다 비슷합니다.

또 한 가지 차이를 들자면, '미국 달러와 한국 원', '유로와 한국 원', '유로와 미국 달러', '영국 파운드와 미국 달러'처럼 실제 무역에서도 사용하는 통화일수록 거래량이 많고 유동성이 큽니다. 이와 달리 '비트코인과 미국 달러', '비트코인과 한국 원'의 유동성은 아직 낮은 것이 현실입니다.

그 결과, 지금 바로 가진 비트코인을 팔아 현금(한국 원)을 마련하려 해도 곧바로 바꾸지 못할 수도 있습니다. 수십만 원 정도라면 문제없지만, 매도량이 1자리, 2자리씩 커지면 생각만큼 매수자가 나타나지 않을 수도 있기 때문입니다. 시장 규모 측면에서는 양자 사이에 아직 차이가 있다는 점, 꼭 알아두기를 바랍니다.

비트코인 투자는 주식이나 투자 신탁과 무엇이 다를까?

비트코인 투자를 주식 투자와 비교하면 어떤 차이가 있을까요? 주식 투자는 기업의 성장을 바라보고 하는 투자입니다. 기업이 성장할수록 수익은 늘어납니다. 수익 중 일부는 '배당'이라는 형태로 주주에게 환원합니다. 그러나 이런 직접 수익과는 별도로 기업이 성장하면 주가도 함께 오릅니다. '싸게 사서 비쌀 때 판다'라는 것이 투자의 왕도라고 한다면, 그 차액(가격이 올라 얻는 이익)을 노리고 투자하는 사람이 많은 것도 어떻게 보면 당연합니다.

'(주식) 투자 신탁'은 여러 회사의 주식을 대상으로 투자합니다. 예컨대 탄소 중립 온난화 대책에 적극적인 기업군에 투자하는 펀드는 이러한 기업군 전체의 성장을 기대한다고 할 수 있습니다. 어느 쪽이든 주식과 신탁 모두 기업 성장을 대상으로 하는 투자라 할 수 있습니다.

그렇다면 비트코인의 투자 대상은 무엇일까요? 반복해서 이야기하지만, 비트코인에는 발행 주체도 관리 주체도 없습니다. 그러므로 성장하고 진화하는 것은 조직이 아니라 기술입니다. 앞으로도 기술 혁명이 계속 일어나 비트코인은 더 좋아질 것이라는, 즉 기술 성장을 바라보고 하는 투자인 까닭입니다.

블록체인 기술을 사용한 암호자산은 비트코인 외에도 다양합니다. 성장할 기업을 골라 주식 투자를 하는 것처럼 알고리즘을 믿을 수 있고 계속 기술이 발전할 암호자산은 어떤 것인지를 잘 판단해야 합니다. 거꾸로 목소리만 높이고 실제 개발은 정체된 암호자산에는 무엇이 있는지도 확인해야 합니다. 투자자로서 고려해야 할 것은 기술의 진화 속도와 방향성입니다.

개발자 커뮤니티가 얼마나 활발한가?

성장할 회사인지 판단하려면 다양한 재무제표를 비교해 봐야 할 겁니다. 과거와 비교해 어느 정도 늘었는지, 같은 업종의 다른 회사와 비교하면 어떤지, 업계 평균과 비교하면 어떤지 등 이러한 정보를 바탕으로 투자할 만한지를 정합니다.

기술 성장에 투자하는 암호자산의 투자 지표로는 개발자 커뮤니티가 얼마나 활발한지를 살펴볼 수 있습니다. 소프트웨어 개발 플랫폼 '깃허브(https://github.com)'를 살펴보면 다양한 코인의 오픈 소스 개발 프로젝트 동향을 알 수 있습니다. 개발자 커뮤니티에 얼마나 많은 사람이 참여하는지, 토론 내용은 어떤지, 진척 상황은 어느 정도인지, 어느 정도 속도로 개발이 진행 중인지, 얼마나 자주 버전을 업그레이드하는지 등 이런 점을 모니터링한다면 해당 코인의 성장 잠재력을 엿볼 수 있습니다.

커뮤니티에 참여한 사람이 많을수록 그만큼 개발 속도가 빠르리라고 생각할 수 있습니다. 비트코인이나 이더리움^{ETH} 가격이 왜 그렇게 올랐는지는 개발자 커뮤니티 규모를 보면 그 이유를 어느 정도 예상할 수 있습니다. 많은 사람이 개발에 참여해야 비슷한 암호자산이 뒤이어 나오더라도 간단히 추월하지는 못할 것이기 때문입니다.

그런데 주식 투자에서 재무제표 등은 거의 보지 않고 주가 차트의 변동만을 확인하고 투자하는 사람이 많듯이 비트코인 투자에서도 개발자 커뮤니티 상황은 참고하지 않고 비트코인의 가격 동향만 보고 투자하는 사람이 많습니다.

비트코인에 처음 투자하는 사람일수록 이런 경향이 특히 강한데, 그 밖의 암호자산에도 투자해 보고자 할 때는 개발자 커뮤니티가 얼마나 활발한지도 함께 확인해 볼 것을 추천합니다.

팔지 않고 보유하기만 하는 사람이라면?

자산 운용(투자)으로 얻은 이익에는 ① 싸게 사서 비싸게 팔아 차익 실현(자본 소득), ② 오랫동안 보유하며 정기적으로 얻는 수익(이자 배당 소득) 2가지가 있습니다. 가령, 주식 투자에서는 싸게 사서 비싸게 팔았을 때의 가격 차이(자본 소득)를 바라고 사는 사람도 있으며 정기적으로 들어오는 배당금(이자 배당 소득)을 바라고 사는 사람도 있습니다. 부동산 현물을 살 때도 가격이 올랐을 때의 차이(자본 소득)를 노리고 사는 사람도 있지만, 임대 수익(이자 배당 소득)을 원하고 사는 사람도 있을 겁니다. 은행 예금은 정기적으로 이자(이자 배당 소득)가 붙지만, 가격 자체는 변하지 않으므로 자본 소득은 생기지 않습니다.

비트코인을 비롯한 암호자산에 투자하는 핵심은 팔지 않고 보유하면서 가까운 미래에 값이 오르리라고 기대하는 것입니다. 비트코인은 가격 변동성volatility이 무척 크기는 하지만 긴 시간으로 봤을 때는 상승 곡선을 그립니다. 그렇다 보니 지금 팔기에는 아깝다고 생각하는 사람이 많습니다.

그러나 팔고 얻은 이익(또는 손실)을 확정하지 않으면 투자한 자금은 계속 잠자게 되므로 언제까지나 회수할 수 없습니다. 이에 암호자산을 장기간 보유한 채로 정기 수입(이자 배당 소득)을 얻을 방법은 없을까 고민 끝에 나온 방법이 자신이 보유한 암호자산을 빌려주고 이자를 받는 렌딩 서비스입니다.

4. 비트코인 투자의
장점은 뭘까?

──────── 비트코인은 변동성이 매우 크고 앞으로도 계속 성장하리라고
예상되는 매력적인 투자 대상입니다. 아울러 주가나 채권 가
격, 상품 가격, 외환 시세와는 다른 이유로 변동하므로 분산 투
자 포트폴리오에 포함하여 위험을 분산할 수 있습니다.

과연 비트코인에 투자한다는 것은 무슨 뜻일까요? 비트코인을
사면 어떤 이익을 기대할 수 있고, 어떤 위험이 있는지 다시 한 번
살펴보겠습니다.

파는 사람과 사는 사람의 '상대매매'로 가격을 정한다

비트코인은 원이나 달러 또는 주식과 마찬가지로 팔거나(비트코
인을 내어 주고 원이나 달러를 얻음) 사거나(원이나 달러를 내어 주고 비트코인을

얻음) 할 수 있습니다. 비트코인 매매의 기본은 '얼마에 팔고 싶다'라는 사람과 '얼마에 사고 싶다'라는 사람의 의견이 일치하면 거래가 성립하는 '상대매매'입니다. 그리고 비트코인을 팔고 싶은 사람과 사고 싶은 사람을 연결하는 것이 '가상 자산(가상 통화, 암호 화폐) 거래소'입니다.

거래소는 거래를 중개할 뿐으로, 가격을 정하는 것은 어디까지나 시장에 참가한 여러분입니다. 그렇기는 하지만, 실제로는 다른 사람이 얼마에 사고파는지 현재 거래 금액을 실시간으로 표시하므로 이를 참고로 자신이 원하는 가격을 정해 매매하게 됩니다(이와는 별도로 파는 가격과 사는 가격을 미리 정하는 '판매소' 방식도 있습니다).

이름이 '거래소'이기는 하지만, 한국거래소, 뉴욕증권거래소와 같이 실제 비트코인을 사고파는 물리적 거래 기관은 없습니다. 오히려 시장 참여자를 네트워크로 연결하여 매매를 진행하는 '나스닥' 시장에 가까운 형태로, 증권 회사에 해당하는 거래소끼리의 네트워크를 통해 비트코인 가격(거래 가격)을 실시간으로 정합니다.

변동 폭이 크다는 것이 가장 큰 매력

비트코인 가격은 항상 변하므로 내려갔을 때 사서 올랐을 때 팔아 그 차액을 이익으로 얻는 것은 다른 투자와 마찬가지입니다. 게다가 비트코인은 다른 투자와 비교하면 눈에 띄게 가격 변동성이 큽니다. 즉, 비쌀 때와 쌀 때의 가격 차이가 크므로 거래만 잘하더라도 큰 수익을 올릴 수 있습니다. 저성장과 저금리의 이중고로 자산을 좀처럼 불리지 못하는 시대에, 비트코인이나 그 밖의 가상 자산에 주목하는 것은 변동성이 크다는 것에서 매력을 느끼는 사람이 그만큼 많기 때문입니다.

이 책 초판을 출간한 2017년 당시에는 1BTC가 300만 원 전후였습니다. 그러던 것이 2021년 11월에는 8천만 원 넘게 급상승했습니다. 5년 만에 25배가 넘은 성장은 실로 놀라운 속도입니다. 2017년에 1만 원어치의 비트코인을 산 사람이 있다고 가정한다면 2021년 11월은 25억 원을 넘는다는 계산입니다. 2016년 초에는

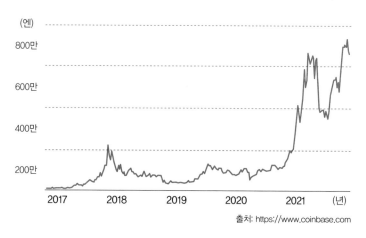

출처: https://www.coinbase.com

그림 4 **비트코인 가격 추이**(2017년~2021년)

'1BTC = 50만 원' 정도였으므로 2021년 11월이라면 무려 160배입니다. 즉, 2016년 초 시점에 1,000만 원어치를 산 사람은 2021년 11월 평가액이 16억 원 이상인 '백만장자'가 되었을 가능성이 높습니다.

세상 어디를 둘러봐도 이렇게까지 폭발적으로 성장한 투자는 거의 찾아볼 수 없습니다. 수많은 사람들이 왜 비트코인 시장을 주목하는지 고개가 끄덕여지는 대목입니다. 단기적으로 보면 비트코인은 원이나 달러 가격 등과 비교하여 가격 변화가 심하고 미래를 읽기 어려울지도 모르지만, 긴 안목으로 보면 비트코인 시장 그자체가 아직 성장 중이므로 앞으로도 가격은 계속 오를 듯합니다.

외환 위험을 피하는 방법의 하나

비트코인이 널리 보급된 이유로는 몇 가지 역사적인 사건을 들 수 있는데, 그중 하나가 2015년 6월 그리스의 디폴트(채무 불이행) 위기입니다. 통화라는 것은 '신용'이 있어야 성립하는데, 국가가 신용을 잃어 통화가 폭락하지 않을까 하는 불안이 퍼지면 더 안정된 다른 통화를 사게 됩니다.

위험을 피할 '피난처'의 하나로 이전부터 달러 사들이기가 유명합니다. 그리고 안전 자산인 일본 엔도 위험 피난처로 보는 경향이 있습니다. 이와 마찬가지로 그리스의 채무 불이행 위기 때 앞다퉈 샀던 것이 비트코인이었습니다. 국가가 신용 불안에 빠졌을 때 특정 국가와 관계없는 가상 통화를 서둘러 사려는 것은 인간의 공통된 심리인지도 모르겠습니다. 2016년 리우 올림픽을 개최하기 전 브라질에서도 헤알이 폭락했는데, 그때도 비트코인 거래가 늘었습니다.

그 10년 전인 2006년이었다면 아마도 비트코인과 같은 가상 통화를 살 생각은 하지 않았을 겁니다. 그러나 2008년 리먼 브라더스 사태가 일어나 기존 사고방식이나 금융 시스템에 대한 신뢰가 땅에 떨어지자, 지금까지 안전하다고 생각했던 화폐가 더는 안전하지 않다고 깨달은 겁니다. 그래서 이제 막 생긴 디지털 화폐가 아직 불안하기는 해도 재산의 일부를 비트코인 등에 투자하여 위험을 분산하려는 생각이 퍼지기 시작한 듯합니다.

분산 투자 포트폴리오에 담기

'주가'는 경기나 실업률, 정권 교체나 치안 악화, 정치나 중앙은행 총재의 발언, 기업 실적, 획기적인 신제품 개발, 정치 추문 등 다양한 이유로 변동합니다. 국채나 사채의 채권 가격도 금리 인상과 인하, 재정난이나 경영 위기, 순위 변동, 채무 불이행 위험 증가 등 여러 가지 이유로 오르거나 내립니다. 농산물이나 축산물, 원유, 금을 비롯한 상품commodity 가격도 날씨나 수급 균형, 외환 시장 등 상품마다 서로 다른 이유로 변동합니다.

'외국환 시장'도 각국의 금리 차이나 수급 균형, 정부 요인의 발언, 정변 등의 비상사태, 국가의 외환 시장 개입 등에 따라 어지러울 정도로 다양한 방향으로 움직입니다. 중요한 것은 이들 가격은 각각 서로 다른 요인에 따라 움직인다는 것입니다. 서로 연동할 때도 있지만 주가가 오를 때 채권 가격은 내리거나 석유 가격이 내릴 때 밀가루 가격은 오른다거나, 마찬가지 주식이라도 A사와 B사가 다른 방향으로 가격이 움직이는 것은 흔히 보는 모습으로, 변동 방향이 다르므로 함께 보유하면 위험을 분산할 수 있습니다.

한 곳에 모든 자금을 집중적으로 투자해서 기대한 대로 가격이 오른다면 큰 이익을 얻을 수 있습니다. 투자한 금액 대비 수익 비율로 따지자면 집중 투자보다 더 높은 것은 없습니다. 그러나 예상과 달리 가격이 큰 폭으로 내린다면 그만큼 손실도 늘어납니다. 이러한 사태를 피하고자 몇 가지로 나누어 투자하는 '분산 투자' 사고방식이 널리 퍼졌습니다. 가격 변동 요인이나 시점이 다른 몇 가지 투자처에 자금을 분산하면 한 곳에서 손해를 보더라도 다른 곳에서 이를 만회할 가능성이 커집니다.

분산 투자에서 투자할 곳을 어떻게 구성하는지를 '포트폴리오'라 부르는데, 엄청나게 성장한 비트코인을 포트폴리오에 포함하면 전체 구성으로 볼 때 플러스 이익을 기대할 수 있습니다. 앞으로 더 자세히 살펴보겠지만, 이는 비트코인의 가격 변동 요인이 다른 투자처와는 많이 다르기 때문입니다. 주식, 채권, 상품, 달러 모두 서로 다른 다양한 이유로 변동합니다. 비트코인도 여러 가지 이유로 변동하긴 하지만 주식, 채권, 상품, 달러의 가격 변동과는 상관관계가 거의 없습니다. 즉, 분산하여 위험을 헤지hedge하는 투자처로 무척 매력적인 것이 비트코인이라 할 수 있습니다.

주식, 투자 신탁, 국채, 외국채, 상품 선물 등과 마찬가지로 분산 투자의 새로운 자산 중 하나로, 비트코인에 관한 관심이 높아지는 중입니다.

비트코인 유행은 거품일까?

비트코인 가격이 순조롭게 고공행진 중이더라도 단기적으로는 크게 떨어지는 국면이 몇 번씩 있었습니다. 하락 폭도 매우 커 손해를 줄이고자 서둘러 판 사람에게 비트코인은 전형적인 '고위험 고수익' 투자처로 보일지도 모릅니다. 그러나 많은 사람이 일시적인 하락에 상관하지 않고 비트코인을 계속 보유합니다. 팔지 않고 가지고 있으면 언젠가는 오르리라는 믿음이 있기 때문입니다.

그중에서 팔지 않고 그저 보유하기만 하는 투자가는 단기적인 시장 가격의 오르내림에 일희일비하지 않고 장기적인 관점에서 계속 보유합니다. 비트코인을 하나의 산업으로 본다면 계속 성장할 여지가 많기 때문입니다. 비트코인 산업, 블록체인 산업 전체의 성장을 바라보는 투자이므로 아직 손을 놓을 때는 아니라고 생각합니다.

1969년 첫 탄생을 알린 인터넷은 그로부터 약 25년 후 윈도우 95가 등장하며 본격적인 보급이 시작되었고, 그로부터 다시 25년 이상이 흐른 지금까지 거대한 산업군으로 커졌습니다. 지금은 다양한 생활 방면에 침투하여 인터넷 없이는 하루도 견딜 수 없을 정도의 기반 시설이 되었습니다.

2008년에 태어난 비트코인과 블록체인은 25년, 50년이라는 시간 축으로 보면 아직 출발점에 불과합니다. 하지만 앞으로 블록체인 기술을 사용한 새로운 서비스는 계속 생길 겁니다. 이렇게 본다면 비트코인 가격은 더 오르지 않을까요? 보유만 하는 투자가 역시 이를 바라보고 투자를 이어갈 겁니다.

5. 비트코인 가격은
어떻게 정할까?

사고 싶은 사람과 팔고 싶은 사람 사이의 균형을 이루는 가격 trade rate 으로 정한다는 점에서는 주식이나 외환과 마찬가지입니다. 이와 함께 비트코인은 ① 국가별 규제, ② 대량 보유자의 발언, ③ 탄소 중립과의 관계, ④ 법정 통화화, ⑤ 4년 주기의 반감기 등에 영향을 받습니다.

비트코인은 큰 변동성이 그 매력이라 설명했습니다. 그런데 애당초 비트코인 가격은 어떻게 정하는 걸까요? 즉, 파는 사람과 사는 사람은 무엇을 보고 매도 가격과 매수 가격을 정할까요? 그리고 이에 영향을 주는 외부 요인에는 어떤 것이 있을까요?

이번 설명에서는 비트코인 투자의 기본을 정리해 봅니다.

파는 사람과 사는 사람의 한 수 앞 읽기 경쟁

주식이나 외국환 등 다양한 시장에서 참여자끼리의 '한 수 앞 읽기 경쟁'에 따라 가격이 정해지는 것처럼, 비트코인 역시 매매하는 사람이 어떻게 수를 읽느냐에 따라 가격이 정해집니다. 어디까지나 한 수 앞을 읽는 것이다 보니 생각한 대로 경제 상황이 움직인다면 그 변화는 예상한 악재와 호재를 모두 반영한 결과이므로 동향에는 큰 변화가 없습니다. 가격이 오르는 동향이라면 계속 오르고 내리는 동향이라면 계속 내릴 겁니다.

동향이 크게 변한다는 것은 수읽기가 틀렸다는 뜻입니다. 예상과 달리 실업률이 높거나 실적이 악화한다면 가격은 급락할 것이고, 이와 달리 예상외로 GDP 성장이 높거나 획기적인 신제품이 발표되면 가격은 크게 오릅니다.

달러-원 시세에 영향을 미치는 것은 미국 고용 통계나 한국 GDP 속보 등의 기초 정보뿐만이 아닙니다. 예를 들어, 미국 연방준비제도이사회 FRB 의장이나 한국은행 총재의 발언은 정책 당국이 시장에 보내는 메시지이므로 시장 동향을 읽는 데 꼭 필요한 정보입니다. 이와 달리 비트코인에는 중앙에서 관리하는 조직이 없습니다. 그러므로 주식이나 외국환 거래와는 다른 이유로 움직이는 경향이 있습니다. 여기서는 비트코인 가격에 영향을 미치는 몇 가지 대표적인 요인을 살펴봅니다.

각 나라의 규제 동향

비트코인은 특정 국가의 통제를 받지 않는 글로벌 통화이기는 하지만 전 세계에서 유통되려면 당연히 각 나라의 법과 규제를 따라야 합니다. 비트코인을 통화로 인정할 것인지, 아니면 주식이나 채권처럼 유가증권으로 볼 것인지, 회계나 세무는 어떻게 할 것인지, 비트코인 매매를 중개하는 거래소나 거래 승인 작업을 담당하는 채굴자에게는 어떤 규제를 가할 것인지 등 고려해야 할 사항이 다양합니다.

비트코인을 다루는 방식은 나라마다 다르므로 지역 규칙이 새롭게 발표되면 이는 비트코인 가격에 영향을 줍니다. 예를 들어, 2013년 11월 당시 FRB 의장이었던 밴 버냉키가 그때까지 비공식 존재였던 비트코인을 인정하는 발언을 했는데, 이 때문에 비트코인 가격이 급등하기도 했습니다.

당국의 규제로 줄어든 '중국 리스크'

각 나라의 규제 중에서 가장 주목받은 것은 중국의 동향입니다. 당시 비트코인의 최대 거래량이자 채굴업도 성행한 중국이 가상 통화에 어떤 규제를 가할 것인지 다양한 추측이 난무했습니다. 중국 공산당이 국내 유력 IT 기업에 대한 규제를 강화하면서 그와 동시에 공산당의 통제 밖에 있는 가상 통화에도 감시의 눈을 강화하여, 결국 2021년 9월 중국 국내의 가상 통화 관련 사업을 전면 금지하기에 이르렀습니다.

그때까지는 가상 통화의 대국이었던 중국의 규제가 강화될 때마다 비트코인의 가격이 급락하곤 하는 흐름이 있었습니다. 하지만 오히려 완전히 이탈하게 되면서 중국 리스크는 크게 줄었다고 판단합니다. 거듭되는 규제 탓에 현재는 중국에서 북아메리카와 러시아 등 추운 지역으로 채굴의 중심이 옮겨가게 되었습니다. 채굴 전용 컴퓨터는 고도로 복잡한 계산을 쉴 겨를 없이 계속해야 하므로 발열 문제가 생기기 쉬운데, 이를 해결하려면 냉각 장치가 반드시 있어야 합니다. 개인 컴퓨터도 대량의 데이터를 처리하면 중앙 처리 장치CPU에 부하가 걸려 본체가 뜨거워지곤 하는데, 이와 마찬가지입니다.

냉각에 사용한 전기 요금도 상당한 금액이므로, 이 비용을 어떻게 줄일지가 채굴업자의 수익을 결정하기도 합니다. 이런 이유도 한몫해서 전기 요금이 싼 추운 지역으로 옮겨가게 된 것입니다.

'큰손'의 입에 주목하라!

이 책의 초판이 출간되었던 2017년 당시 비트코인을 산 사람은 대부분 개인이었습니다. 그러나 2021년 비트코인의 대량 보유자 상위 목록에는 미국 기관 투자가(투자 펀드, 보험 회사, 연금 기금 등)나 일반 법인 사업체가 늘었습니다.

기존 규칙의 범위 밖에서 생긴 비트코인은 애초 회계나 세무 처리가 불투명하여 법령을 준수하는 펀드나 기업은 손을 대기 어려운 상황이었습니다. 그러나 시장 참여자가 많아지고 거래량도 순조롭게 늘어 사회적인 '신용'이 생기자 기업 중에서도 비트코인의 성장 과실을 취하고자 하는 요구가 높아졌습니다.

이러한 움직임을 뒤에서 떠받치는 형태로 국가에 의한 정책이 마련된 결과, 지금은 펀드나 기업도 큰손을 휘두르며 비트코인을 보유하게 되었습니다. 애당초 자금력의 단위가 다른 기관 투자가가 분산 투자 포트폴리오에 포함할 자산의 하나로 비트코인 등을 사다 보니 투자하는 금액 규모가 커 시장에 큰 영향을 미치게 됩니다.

상황이 이렇다 보니 비트코인 대량 보유자가 무엇을 샀는지를 확인하면 개인 투자에도 도움이 되곤 합니다. 비트코인 소유자라면 누구든지 볼 수 있는 분산형 원장에 관련 내용을 기록하여 대량 보유자 목록을 공개합니다. 'Bitcoin Rich List'로 검색하면 몇 곳의 사이트를 찾을 수 있습니다(예를 들어, https://bitinfocharts.com 등).

　이런 이유도 한몫해서 2021년까지는 중국보다도 미국의 동향이 비트코인 가격에 큰 영향을 가져왔습니다. 그 상징이라 할 수 있는 대표적인 인물이 바로 테슬라의 CEO 일론 머스크입니다. 2021년에는 그의 입에 따라 비트코인 가격이 크게 출렁이는 '사건'도 있었습니다.

채굴은 '탄소 중립'을 실현할까?

　비트코인 가격에 영향을 미치는 최근 주제의 하나로, 비트코인 채굴(승인 작업)이 과연 지속 가능한 개발 목표 SDGs라는 이념을 따르는지의 문제를 들 수 있습니다. 앞서 설명한 것처럼 비트코인을 채굴할 때는 고도의 처리 능력이 있는 고성능 컴퓨터를 쉼 없이 가동해야 하는데, 이에 따라 소비하는 전력량도 엄청납니다. 다양한 추측이 있으나 일설에는 비트코인 네트워크에 소비하는 연간 전력량이 150테라와트를 넘는다고 합니다.* 이는 스웨덴의 연간 소비 전력량을 웃도는 수준입니다.

　　＊　"환경 의식이 높은 유럽이 많은 전력을 소비하는 비트코인에 주목하는 이유", https://business.nikkei.com/atcl/gen/19/00216/060300011/?n_cid=nbponb_twbn

이러한 전력 대부분이 석탄이나 석유 등의 화석 연료를 태워 얻는 것이므로 탄소 중립(온실 효과 가스인 이산화탄소의 실질적인 배출량을 0으로 만들기)에 따른 기후 변화 대책이라는 세계 흐름에 역행한다고 볼 수밖에 없습니다.

앞서 일론 머스크의 발언이 주목받은 것도 이런 흐름이었습니다. 테슬라 자동차의 구매 대금을 비트코인으로도 받겠다는 발표가 있은 지 불과 2개월 후 화석 연료, 특히 '최악의 배출원'인 석탄 사용에 염려를 드러내며 비트코인 결제를 중지하겠다고 발표했기 때문입니다. 이것으로 끝이 아니라 재생 에너지로 만든 전력을 채굴에 사용한다면 테슬라는 비트코인을 다시 받겠다고 트윗하는 바람에 또다시 비트코인 가격이 급등했습니다.

SDGs가 주목받는 이유는 비트코인의 대량 보유자로 기관 투자가가 늘었기 때문입니다. 이들은 사회적 요구에 민감하므로 탄소 중립을 추진하는 기업을 지원하는 '그린 투자'를 본격화했습니다. 따라서 SDGs에 반대한다는 딱지가 비트코인에 붙는다면 기관 투자가는 투자한 자금을 회수하고 비트코인에서 손을 뗄 수밖에 없습니다.

그러나 다른 한쪽으로 비트코인 추진파도 손을 놓고 있지는 않았습니다. 비트코인을 대량 보유한 것으로 유명했던 전 트위터 최고경영자 잭 도시가 운영하는 모바일 결제 서비스 기업, 스퀘어는 2030년까지 이산화탄소 배출량을 실질적인 0으로 만드는 '탄소 중립carbon neutral'을 실현한다는 계획에 따라 비트코인 채굴이 재생 가능 에너지와도 친화성이 높다는 보고서를 발표했습니다. 이분만 아니라 직접 자금을 들여 '비트코인 친환경 에너지 개발 이니셔티브'를 만드는 등 정보 제공 활동을 활발히 벌이고 있습니다.●

비트코인, 드디어 '법정 통화'로

2021년 9월, 중앙아메리카 국가인 엘살바도르가 국가로는 처음으로 비트코인을 법정 통화로 인정했습니다.●● 이에 따라 엘살바도르 국내 사업자는 비트코인 결제를 의무로 받아들여야 했고, 국민은 납세를 포함한 모든 결제에 비트코인을 사용할 수 있게 되었습니다.

국민의 70%가 은행 계좌나 신용카드가 없고, 주로 미국 등 외국에서 일하여 번 돈을 송금하는 금액이 GDP의 20%를 차지하는 나라이다 보니 벌어들인 미국 달러(그때까지 유일했던 법정 통화)를 모국으로 송금할 때의 수수료가 문제였습니다. 이에 엘살바도르 부켈레

●　 "미국 스퀘어 사, 비트코인과 친환경 에너지의 친화성을 주장하는 조사 보고서 공개", https://coinpost.jp/?p=239471
●●　"엘살바도르의 '실험'에 세계가 주목", https://www.bloomberg.com/news/articles/2021-09-07/bitcoin-faces-biggest-test-as-el-salvador-makes-it-legal-tender

대통령은 은행을 통하지 않고도 송금할 수 있고 수수료도 매우 저렴한 비트코인으로 눈을 돌리게 됩니다.

일상생활에서도 비트코인을 사용할 수 있다면 그 편리함 덕분에 다양한 서비스가 등장하는 등 새로운 생태계가 생길 겁니다. 그리고 결제가 지체되지 않으려면 많은 양의 비트코인이 필요하므로 비트코인의 수요도 높아지고 장기적으로 본다면 가격 상승으로 이어지리라는 기대도 있습니다.

경제 규모가 작고 자국 통화가 없는 그 밖의 중남미 국가 또한 가상 세계에서 태어난 비트코인을 현실 세계의 정식 통화로 인정한 엘살바도르의 '사회 실험'에 많은 관심을 두고 있습니다. 비슷한 상황의 국가가 도미노처럼 차례대로 비트코인을 법정 통화로 인정한다면 미국 턱밑에 '비트코인 경제권'이라고도 할 수 있는 새로운 통화권이 등장하게 됩니다.

기축 통화인 달러를 통해 패권을 휘두른 미국이 이러한 움직임에 어떻게 대처할까요? 이후 전개에 관심을 두는 까닭입니다.

올림픽과 함께 찾아오는 '반감기'

4년마다 열리는 올림픽처럼 비트코인 이해관계자에게도 2016년, 2020년, 2024년 등 4년마다 한 번씩 찾아오는 '비트코인 반감기'가 화젯거리입니다. 여기서 반으로 줄어드는 것은 비트코인 채굴(승인 작업)의 보상입니다. 비트코인 거래는 10분마다 반복되는 '채굴 경주(승인 경쟁)'에서 모든 거래가 승인되어야 비로소 이루어집니다. 이때 경주 승자만 보상(비트코인)을 독점할 수 있으므로 참가하는 채굴업자는 이 경쟁에 온 힘을 다할 수밖에 없습니다. 그러나 그 보상도 2016년 7월에는 25BTC에서 그 반인 12.5BTC로, 2020년 5월에는 그 반의반인 6.25BTC로 줄었습니다. 이렇게 하는 이유는 컴퓨터 처리 능력이 해마다 높아져 채굴에 드는 비용도 이에 따라 줄어든다고 판단하기 때문입니다.

그러나 갑자기 보상이 반으로 줄어버리면 채굴업자의 동기가 약해집니다. 비트코인 가격이 2배 또는 그에 상응하는 가격으로 오르지 않으면 비용을 감당할 수 없는 채굴업자는 경주를 포기할지도 모릅니다. 이렇게 되면 경주에 참여하는 수 자체가 줄어서 남은 업자의 승률이 오릅니다. 즉, 보상이 비교적 적더라도 참가자가 줄어 승률이 오른다면 비용을 보상받을 가능성이 생깁니다.

한편, 비트코인 시장이 계속 성장하리라고 기대하는 사람은 채굴업자가 줄고 승인 작업이 정체되는 상황은 피하고 싶을 겁니다. 그러다 보면 '오르지 않으면 곤란해'라는 심리가 작동합니다. 시장 가격은 참가자가 한 수 앞을 어떻게 읽는지에 따라 정해지기에 '오르지 않으면 곤란해', '오를 거야'라고 생각하는 사람이 늘수록 실제 가격이 오를 가능성도 커집니다. 결과론이기는 하지만, 다행히 반감기 전후로 비트코인 가격은 순조롭게 계속 올랐습니다.

그다음 반감기는 2024년입니다. 반감기를 경계로 비트코인 가격이 뛰는 경험을 한 사람 대부분은 다음 반감기에도 마찬가지 일이 벌어지리라고 기대할 겁니다. 이러한 기대(예측)가 늘수록 실제로 오를 가능성 역시 더 커집니다. 오랫동안 보유한 사람이라면 반감기를 이용해 투자 결정을 하는 것도 유용한 전략입니다.

더 깊은 정보를 얻을 곳은 역시 '개발자 커뮤니티'

비트코인을 떠받치는 블록체인 기술은 아직 발전 중으로, 끊임없는 시행착오를 거듭하고 있습니다. 여전히 시스템의 결함(버그)도 보이긴 하지만, 기술적인 돌파구 역시 보입니다. 그러다 보니 예전에는 개발자 커뮤니티 동향에 따라 비트코인 가격이 오르고 내릴 때가 자주 있었습니다.

비트코인에는 중앙에서 일괄 관리하는 조직이 없으므로 관계자 모두가 콘퍼런스 등에 모여 이야기를 나누면서 운영 규칙이나 개발 방향성을 정하곤 합니다. 때로는 서로의 이야기가 달라 분열 소동이 일어나기도 했습니다.

애초 비트코인을 보유했던 사람 중에는 기술을 잘 이해하고 새로운 것에 관심이 많은 괴짜 같은 사람이 많았습니다. 개발자 커뮤니티에 속한 사람도 많았으므로 그 영향이 컸다는 건 어떻게 보면 당연합니다. 그러나 비트코인이 전 세계에 널리 퍼진 지금은 업계와 관련 없는 일반인도 많이 보유합니다. 그러다 보니 너무 어려운 기술 이야기에는 관심을 두지 않습니다.

이보다는 테슬라나 스퀘어, 투자사 아크 인베스트먼트^{ARK Invest}와 같은 대량 보유자, 일론 머스크나 잭 도시처럼 수많은 팔로워를 거느린 유명인의 영향력이 훨씬 더 큰 상황입니다. 주식에 투자하는 사람이 투자의 신이라 불리는 워런 버핏의 입을 바라보는 것과 닮았습니다. 그만큼 일반인에게 널리 퍼지기도 했습니다.

그러나 주식 세계에서 워런 버핏과 같이 장기 보유를 전제로 '가치 투자'하는 사람이 매일 뉴스에 등장하는 것도 아니므로, 투자할 곳의 실적을 꼼꼼하게 조사하는 것과 마찬가지로 개발자 커뮤니티에서 지금 무슨 일이 벌어지는지에 주목하면 비트코인이나 그 밖의 암호자산의 미래에 관한 더 깊은 정보를 얻을 수 있을 겁니다 (개발자 커뮤니티가 얼마나 활발한지를 확인해야 하는 이유입니다).

이 밖에도 거래소가 해커의 공격을 받아 암호자산이 유출되는 사건이 발생하면 잠시 비트코인 가격이 내려가기도 합니다. 그러나 과거의 사례를 보면 그 영향은 한순간으로, 머지않아 가격을 회복했습니다. 비트코인을 가진 사람도 이러한 사실을 알기에 사건이 발생하더라도 침착한 반응을 보입니다(암호자산의 보안은 3장에서 자세히 다룹니다).

6. 비트코인은 다른 '결제 수단'과
무엇이 다를까?

─────── 비트코인 단위는 'BTC'이지만 전자 화폐나 신용카드의 결제
단위는 '원'이나 '달러'입니다. 전자 화폐나 신용카드는 만질
수 있는 실물 카드가 있으나 비트코인에는 없습니다. 신용카
드의 이용 금액은 일시적인 빚이지만, 비트코인으로 결제하면
승인과 함께 모든 거래가 끝납니다.

비트코인은 미래에 가격이 오르리라고 기대하는 '자산' 측면이
강하다는 게 사실이나 현금을 대신하는 통화라는 점도 잊어서는
안 됩니다. 일본의 경우 아직 이용할 수 있는 곳이 한정되어 있지
만, 외국에서는 비트코인으로 결제할 수 있는 가게도 있고 베네수
엘라의 예처럼 수수료가 저렴한 송금 수단으로서도 어느 정도 수
요가 있습니다.

여기서는 기존의 다양한 '결제 수단'과 비교하며 비트코인으로
할 수 있는 것은 무엇인지, 할 수 없는 것은 무엇인지를 다양하게

살펴보고자 합니다.

전자 화폐는 '디지털 화폐'이지만 '디지털 통화'는 아니다?

지하철이나 버스 등을 이용할 때 교통 카드를 사용하는 사람이 많을 텐데, 최근 일상생활에서도 카카오 페이나 네이버 페이 등의 전자 화폐를 이용하는 모습을 자주 봅니다. 식당이나 쇼핑몰 등에서 몇만 원이나 몇십만 원 결제에는 신용카드를 이용하는 사람도 편의점 등에서 몇백 원, 몇천 원 결제에는 전자 화폐로 사용하는 사람도 적지 않습니다.

전자 화폐는 크게 '선불 방식'과 '후불 방식'으로 나눌 수 있으나 둘 다 전자 화폐라 부르므로 '디지털 화폐'라는 점에서는 차이가 없습니다. 그럼 디지털 통화인 비트코인과 디지털 화폐인 전자 화폐는 어떤 점에서 다를까요?

실물 카드가 없다

가장 알기 쉬운 차이는 IC 카드의 실물 여부입니다. 스마트폰에서 사용하는 '모바일 신용카드'가 아닌, 다양한 디자인의 실물 신용카드처럼 전자 화폐는 비접촉식 IC 카드와 함께 사용되기도 합니다. 이와 달리 비트코인에는 실물 카드가 없습니다. 거래소가 제공하는 전자 지갑 앱을 스마트폰에 설치해 사용할 뿐입니다.

아직 일본에서는 비트코인으로 결제할 수 있는 가게가 극소수이므로 편의점이나 식당 등에서 치킨이나 햄버거를 먹고 결제하고자 비트코인을 꺼내는 사람은 없을 겁니다. 그러나 가게 쪽에서 준비만 한다면 그 결제 과정은 보통의 비트코인 송금과 마찬가지입니다. 즉, 가게가 전자 지갑 앱에 계산할 금액을 입력하여 비트코인 주소를 만들고 그 주소로 손님이 비트코인을 송금하면 결제는 완료됩니다. 주소를 QR 코드로 주고받는다면 손님의 스마트폰으로 QR 코드를 읽으면 그만이므로 사용법 자체는 간단합니다. '삼성 페이'나 '애플 페이'처럼 스마트폰을 단말기에 대지 않아도 됩니다.

비트코인에는 국경이 없다

일본 내에서라면 전자 화폐와 신용카드로도 대부분 결제를 처리할 수 있지만, 외국에서는 일본에서 발행한 전자 화폐는 사용할 수 없습니다. 그러나 원래 국가가 관리하지 않는 비트코인에는 국경이 없으므로 미국 샌프란시스코나 뉴욕에서도 국내와 마찬가지로 이용할 수 있습니다. 오히려 가게에서 비트코인을 실제로 사용할 수 있는 기회는 미국 서부 지역이나 동부 지역 쪽이 훨씬 많을 겁니다. 일본에서도 온라인 쇼핑몰이나 인터넷 서비스 등 인터넷을 이용한 결제에 비트코인을 이용할 수 있는 곳이 조금씩 느는 중입니다.

단위가 '원'인가 'BTC'인가?

본질적인 차이는 비트코인은 독립 통화라는 점입니다. 비트코인 단위는 'BTC'이지만, 교통 카드나 카카오 페이의 단위는 어디까지나 '원'입니다. 즉, 전자 화폐는 '원'이나 '달러'의 대체 수단에 지나지 않습니다. 이와 달리 비트코인은 원이나 달러와 교환할 수 있는 돈 그 자체입니다. 이 점이 전자 화폐나 신용카드와의 근본적인 차이가 생기는 부분입니다.

또한 전자 화폐는 네이버, 삼성, 애플 등 특정 기업이 제공합니다. 그러나 비트코인에는 발행 주체가 딱히 없고 참여자에 의해 민주적으로 운영되는데, 이 역시 큰 차이점입니다.

신용카드 이용 금액은 빚

그렇다면 신용카드와 비트코인은 무엇이 다를까요? '비자'나 '마스터' 등의 신용카드 회사는 여러분 대신 일시적으로 결제를 대신하는 존재입니다. 즉, 이용자에게 신용카드 사용 금액은 빚과 마찬가지입니다. 신용카드라는 이름에서도 알 수 있듯이 신용카드 회사는 이용자의 '신용'을 담보로 결제 대금을 대신 냅니다. 그러나 무제한으로 신용이 늘지는 않으므로 카드 등급(골드 카드, 플래티넘 카드 등)이나 개인의 지급 능력 등에 따라 이용 금액에 한도를 두고, 매월 그 범위에서 자유롭게 이용하도록 합니다.

비트코인 결제는 통화의 이동 그 자체이므로 대신 지급하는 것처럼 일시적으로 빚을 지지 않아도 됩니다. 결제할 때 '신용'으로 돈을 빌리는 것이 아니라는 뜻입니다(비트코인 그 자체를 사고팔 때는 현물이 없어도 비트코인을 빌려 신용 거래를 할 수 있습니다).

비트코인에는 '신용'이라는 구조가 없으므로 보유한 금액 이상의 비트코인을 사용할 수는 없습니다. 수중에 만 원짜리 1장만 있다면 2만 원짜리 물건을 살 수 없는 것과 같은 이치입니다.

카드 정보 유출 염려가 없다

신용카드는 다양한 곳에서 사용할 수 있으므로 편리하지만, 의심스러운 곳에서 사용하면 때에 따라서는 카드 정보가 유출되어 누군가가 이를 부정한 방법으로 사용할 수도 있습니다. 인터넷으로 신용카드를 사용하기를 꺼리는 사람이 많은 이유도 피싱 사기 등 자신의 카드 정보가 악용될지도 모른다는 걱정 때문입니다.

비트코인 결제는 애당초 실물 카드가 없고 자신이 지정한 주소에 비트코인을 송금하기만 하면 되므로 전자 지갑 ID 등의 정보는 상대방에게 알릴 필요가 없습니다. 또한 전자 서명이라는 암호로 보호되므로 송금 중인 비트코인을 다른 사람이 훔칠 염려도 없습니다. 다만 대가를 송금했는데도 물건을 받지 못하는 사기 피해를 볼 가능성은 있으나 이는 신용카드로 결제할 때도 마찬가지 문제입니다.

스마트폰 '○○ 페이'는 기본적으로 신용카드와 형제

스마트폰을 대기만 해도 이용할 수 있는 구글 페이나 애플 페이는 국내에서만 사용할 수 있는 전자 화폐와는 달리 외국에서도 이용할 수 있는 모바일 서비스입니다. 그러나 기본적으로 신용카드를 등록하여 사용하는 구조로, 신용카드 결제의 연장선에 있는 서비스라고 할 수 있습니다.

마찬가지로 네이버 페이, 카카오 페이 등의 QR 코드 결제는 각 회사가 점유율을 확대하고자 높은 비율의 포인트 지급과 매장 수수료 무료 등 여러 가지 이벤트로 이용자를 늘렸습니다. 단, 은행 계좌에서 직접 충전할 때는 전자 화폐와 마찬가지이고, 등록한 신용카드로 충전할 때는 신용카드 결제와 거의 같습니다. 이런 면에서 스마트폰을 사용한 현금 없는 결제는 통화 그 자체인 비트코인과는 본질적으로 다릅니다.

다른 사람에게 양도하거나 활 수 없는 포인트

'네이버 포인트'나 '카카오 포인트' 등 포인트 서비스와 항공사가 비행 거리에 따라 지급하는 마일리지 서비스도 가상 통화인 비트코인과 비슷한 특징이 있습니다. 결제마다 일정한 비율(1~4% 정도)로 쌓이는 포인트는, 예를 들어 '1포인트＝1원'으로 계산하여 같은 가게(같은 체인이나 제휴 기업 포함)에서 결제할 때 사용할 수 있습니다.

포인트를 발행하는 기업이 볼 때 포인트 회원을 재구매자로 확보하거나 그들이 이용한 데이터를 모아 마케팅에 활용할 수 있습니다. 네이버 포인트처럼 공통 포인트는 편의점, 백화점, 카페, 프랜차이즈, 인터넷 쇼핑몰 등 다양한 곳에서 이용할 수 있어 편리합니다. 그렇다고 하더라도 어디까지나 낸 돈에 따른 포인트이므로 사용할 수 있는 금액에는 당연히 상한이 있습니다.

비트코인은 실체가 없는 결제 수단이라는 점에서 포인트 카드와 닮았으나, 이론상 이용할 수 있는 곳(프랜차이즈나 제휴 기업 등)이 한정되지는 않습니다. 또한 비트코인은 그 자체를 사고팔 수 있고 다른 사람에게 양도할 수 있지만, 포인트 카드는 회원 약관 등에 따라 포인트를 사고팔 수 없고 다른 사람에게 양도할 수도 없습니다.

쌓인 포인트를 현금과 교환할 수 있는 서비스도 있으나 이럴 때는 '1포인트 = 1원', '100포인트 = 90원'처럼 교환 비율이 고정되어 있습니다. 이와 달리 가상 통화인 비트코인은 현금과의 교환 비율(즉, 매매 가격)이 항상 변합니다.

게임 속 통화의 발전 형태

온라인 게임에서 아이템을 사거나 캐릭터를 키우려고 사용하는 '게임 속 통화'도 비트코인과 유사한 특징을 가지고 있습니다. 포인트 카드의 포인트나 마일리지는 낸 돈이나 이용한 서비스에 따라 쌓이지만, 게임 속 통화는 게임 진행 정도에 따라서만 받을 수 있는 게 아니라 현금으로도 이를 살 수 있습니다.

비트코인도 애당초 온라인 커뮤니티 안에서만 통하는 '장난감 돈'에 지나지 않았습니다. 그러던 것이 통화로서 인정받게 된 것은 이를 현실 세계의 물건(최초로 거래한 물건은 피자였습니다)과 교환하는 사람이 나타난 이후였습니다. 이런 의미에서 비트코인은 게임 속 통화의 발전 형태라고 할 수 있을 겁니다. 그러나 단, 게임 속 통화는 그 게임을 운영하는 기업이 발행하고 관리하는 데 비해 비트코인은 특정 기업이나 국가가 발행하지 않고 참여자 전원이 민주적으로 관리한다는 데 큰 차이가 있습니다.

2장

비트코인의
원리는 무얼까?

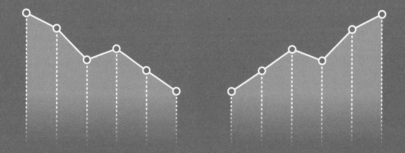

1. 왜 가상의 돈에 가치가 생기는 걸까?

원이나 달러에 가치가 있는 것은 모두 가치가 있다고 믿기 때문입니다. 돈의 본질은 '신용'으로, 비트코인은 '누구도 위조하거나 변조하지 못한다', '특정 국가나 개인의 지배를 받지 않는다', '유한하다' 등의 특징으로 신용을 담보합니다.

비트코인은 실체가 없는 가상의 돈으로, 그저 암호에 불과합니다. 왜 여기에 통화로서 가치가 생긴 걸까요? 이를 살펴보려면 원이나 달러가 왜 통화로서 가치를 지니는지 그 이유를 알아야 합니다.

금의 희소성

예전 금본위제였을 때는 지폐라는 것은 어디까지나 언젠가는 금과 교환할 수 있는 것이었습니다. 항상 금을 들고 다니기는 쉽지 않은 일이고 도난의 위험도 커서 국고(금 보관 금고)에 맡기고 국민은 언제든 금과 교환할 수 있는 '보관증'(금 태환권이라 부름)을 이용했습니다. 그러다 보니 국고에 보관된 금 이상의 지폐를 발행할 수는 없었습니다. 국가 경제력은 보유한 금의 양에 비례했고, 결국 금 쟁탈전이 일어났습니다.

유명한 사건이 19세기 말 남아프리카에서 일어난 보어 전쟁입니다. 지금도 풍부한 희귀 금속 매장지로 알려진 남아프리카의 금광을 둘러싼 전쟁에서 승리한 '대영제국'은 엄청난 부(금)를 얻고 영광을 누렸습니다. 그러던 중 산업혁명이 전 세계로 퍼지면서 많은 나라의 경제가 발전하자 '국가 경제력 = 국가가 가진 금의 양'이라는 공식이 틀어지게 됩니다.

애당초 지금까지 인류가 채굴한 금의 양은 모두 합쳐 18만 톤 정도로, 이를 환산하면 50미터 수영장 3.7배 정도에 지나지 않는다고 합니다. 희소한 만큼 가치는 높으나 양이 한정되므로 모든 나라가 경제력에 맞는 금을 보유할 수는 없습니다. 그러므로 오늘날의 통화는 보유한 금과는 상관없이 각 나라의 중앙은행이 경제 상황에 따라 발행합니다. 요컨대 원이나 달러 가치는 금으로 보증하는 것이 아니라 여러분이 원이나 달러에 가치가 있다고 믿기 때문에 가치가 있는 것입니다.

'신용'이야말로 돈의 본질

원이나 달러가 '신용'으로 이루어진다는 말은 무슨 뜻일까요? 예를 들어, 5만 원 지폐 한 장을 만드는 원가는 200원 정도입니다. 은행에 예금한 5만 원이나 전자 화폐 5만 원은 단지 디지털 데이터일 뿐이므로 드는 비용은 0에 가깝습니다. 그런데도 5만 원이 5만 원으로 통용되는 것은 모두가 '5만 원의 가치가 있다'라고 믿기 때문입니다. 이러한 '신용'을 떠받치는 것은 국가에 대한 신뢰입니다.

따라서 국가의 장래에 불안을 느끼는 사람이 늘면 원이나 달러의 가치는 내려갑니다. 그 결과, 이전에 5만 원으로 살 수 있었던 것이 5만 5천 원으로도 살 수 없게 되곤 합니다. 통화의 가치가 그만큼 내려갔기 때문입니다.

국가가 전쟁에서 지거나 내전 탓에 무정부 상태에 빠지는 등 신용을 완전히 잃으면 그 국가의 통화 가치는 폭락합니다. 1천 원으로 살 수 있었던 쌀이 1년 후 1만 원을 내도 살 수 없고(물건의 가치 10배=원화 가치 10분의 1), 또 반년 후에는 10만 원을 내더라도 살 수 없을 뿐 아니라(물건의 가치 100배=원화 가치 100분의 1), 3개월 후에는 1백만 원에 거래된다면(물건의 가치 1,000배=원화 가치 1,000분의 1) 아무리 돈을 찍더라도 감당할 수 없습니다. 이것이 초인플레이션(물가 폭등=통화 가치 폭락)이라 부르는 현상입니다.

누구도 위조하거나 변조할 수 없다

그렇다면 비트코인에 대한 신용은 어디에서 비롯되는 걸까요? 크게 3가지를 들 수 있습니다. 첫 번째는 '누구도 위조하거나 변조할 수 없다(없을 것이다)'라는 믿음입니다. 중앙집권적인 관리조직이 없는 비트코인에서 모두의 '신용'을 떠받치는 것은 국가나 그 국가의 통화를 발행하는 중앙은행이 아닙니다.

모두가 과거 거래 기록을 서로 승인하는 구조이므로 '누구도 위조하거나 과거를 거슬러 올라가 변조할 수 없다'라는 믿음이 곧 신용의 원천입니다.

특정 국가의 바람대로 움직이지 않는다

두 번째는 '특정 국가나 기업이 바라는 대로 움직이지 않는다'라는 믿음입니다. 비트코인은 특정 국가나 기업이 발행하는 게 아닙니다. 10분마다 채굴 경기 승자에게 정해진 양의 코인을 발행하는 것이 비트코인의 근간이 되는 규칙이므로 이를 간단히 변조할 수는 없습니다.

다시 말해, 누가 마음대로 비트코인을 대량으로 발행하거나 (유통량이 갑자기 늘면 통화 가치가 폭락) 발행 속도를 늦출 수는 없습니다. 유통되는 돈의 양(머니 서플라이=통화 공급량)을 의도적으로 늘려 경기를 자극하거나 의도적으로 줄여 과열 경기를 억제하는 금융 정책은 각 나라에서 일상적으로 일어나지만, 비트코인에는 중앙은행이 없으므로 유통량을 통제한다는 발상 자체가 없습니다. 그러므로 어느 특정 국가의 바람대로 움직일 수 없으며 통화량은 안정적으로 늘어납니다.

한국이나 미국이 붕괴하지 않는 한, 원이나 달러는 폭락하지 않으리라는 것이 '신용'이라면, 특정 국가가 마음대로 통제할 수 없으므로 믿을 수 있다는 것 역시 '신용'입니다. 어느 쪽을 믿을지는 여러분의 선택입니다. 이런 뜻에서 '신용'은 '신앙'과 닮은 점이 있습니다.

또한 규칙을 개방하고 이를 공유한다는 점도 모두로부터 '신용'을 얻는 이유의 하나입니다. 규칙을 개방하고 공유하며 민주적으로 운용한다는 원리는 인터넷과도 매우 잘 어울립니다.

유한하다

세 번째는 비트코인의 전체 양이 미리 정해졌다는, 즉 '유한'하다는 개념에서 비롯됩니다. 가상 통화는 디지털 데이터이므로 마음만 먹으면 무한히 늘릴 수 있을 것만 같습니다. 하지만 비트코인은 상한을 미리 정했으므로 매 2,100만 BTC 시점에 발행을 중지합니다. 계산상으로는 2141년에 모든 비트코인 채굴이 끝날 예정입니다.

옛날부터 금이나 은 등 희소 금속이 통화 역할을 한 것은 이처럼 양이 정해졌기 때문입니다. 전 세계에서 거래되는 기축 통화인 미국 달러가 금과 완전히 분리된 것은 지금으로부터 약 40년 전입니다. 그 이전에는 금의 희소성(유한성)이 가치의 원천이었습니다. 비트코인도 '희소(유한)'하므로 그 가치를 인정하는 것이라 할 수 있습니다. 이는 '반감기'를 다루는 부분에서 자세히 설명하겠습니다.

금과 무척 닮은 자산, 비트코인

저는 비트코인을 통화라기보다는 금에 가장 흡사한 존재라고 생각합니다. 애당초 발행 수가 정해졌으므로 희소가치가 높고 시간이 흐를수록 채굴하기가 어려워지도록 설계되었기 때문입니다. 석유나 광물 자원은 채굴하기 쉬운 곳부터 채굴해 현금화하므로 시간이 흐를수록 채굴 비용이 오르는 게 일반적입니다. 그러다 보니 남은 양이 적을수록 가격이 오르는 게 광물 자원의 세계입니다.

비트코인 채굴도 시간이 흐를수록 어려워지거나(난도가 오름) 계산이 복잡해지므로 그에 따라 가격도 오르리라고 기대합니다. 참고로 석유나 천연가스는 기술적으로 채굴이 어려웠던 셰일층을 채굴할 수 있게 되면서 가격이 내려갔습니다. 오랫동안 석유 수입국이었던 미국이 수출국으로 바뀌게 된 '셰일 혁명'은(2018년 미국이 사우디와 러시아를 제치고 세계 제일의 원유 생산국이 된 사건. 이로 인해 미국의 원유 생산이 급증했다—옮긴이 주) 세계 에너지의 균형을 크게 흔든 사건이었습니다. 이처럼 미래에 어떤 계기로 말미암아 비트코인 채굴 난이도 설계 역시 달라질지 모릅니다.

비트코인이 금과 닮았다는 건 저만의 생각이 아닙니다. 제목에서도 이런 생각을 드러낸 《디지털 골드Digital Gold》의 저자 나다니엘 포퍼Nathaniel Popper(〈뉴욕타임스〉 기자—옮긴이 주)를 들 수 있습니다. 이책은 비트코인이 나타난 무렵의 모습을 그린 뛰어난 논픽션 작품으로, 관심 있다면 한번 읽어 보기를 권합니다.

2. 비트코인은
언제 어디서 생겼을까?

──────── 비트코인은 특정 조직의 개발팀이 만든 것이 아니라 '사토시 나카모토Satoshi Nakamoto'가 발표한 논문에 흥미를 느낀 여러 사람이 분담해 코딩하면서 지금의 모습에 이르렀습니다. 비트코인은 현실의 물건과 교환할 수 있어야 비로소 통화로서의 가치를 지닙니다.

　　비트코인의 출발점은 자기 자신을 '사토시 나카모토'라 부른 인물이 2008년 11월에 암호 이론 온라인 커뮤니티에서 발표한 〈비트코인: P2P 전자 캐시 시스템 Bitcoin: A Peer-to-Peer Electronic Cash System〉이란 논문입니다.

　　하지만 비트코인은 그가 혼자서 개발한 것도 아니고, 특정 조직에 속한 개발팀이 만든 것도 아닙니다. 공개 개발자 커뮤니티에서 사토시 나카모토가 주장한 블록체인 기술에 흥미를 느낀 여러 사람이 분담하여 코딩하면서 서서히 지금의 모습에 이른 것입니다.

이른바 별난 사람들이 한 커뮤니티에 모여서 "비트코인을 채굴했어!", "비트코인을 보냈어!"라며 즐기던 것이 2009년 무렵의 일입니다.

발명자 '사토시 나카모토'는 누구인가?

비트코인 발명자인 '사토시 나카모토'는 일본인 이름을 가지고 있으나 아직 그 정체가 밝혀진 건 없습니다. 과거 몇 사람이 사토시 나카모토로 언급되기도 했고, 2016년에는 오스트레일리아의 기업가인 크레이그 라이트 Craig Wright가 "내가 사토시 나카모토다"라고 말해 화제가 되기도 했습니다. 그러나 지금까지 그 진실은 아무도 모릅니다.

소문에 사토시 나카모토는 비트코인을 약 100만 BTC(1BTC=5천만 원이라 하면 50조 원) 보유하고 있어서 정체가 밝혀지면 세금을 낼 위험이 있으므로 정체를 드러낼 수 없을 거라고 합니다. 현재 사토시 나카모토라는 이름은 더는 쪼갤 수 없는 비트코인 최소 단위인 '1satoshi = 0.000000001BTC'란 형태로 남아 있습니다.

'피자 2장 = 1만 BTC'로 첫 거래

비트코인이 현실 세계에서 통용되는 가치를 띠게 된 것은 현실의 물건과 교환할 수 있게 되면서입니다. 소금이 귀하던 시절에는 필요한 물건을 소금과 맞교환하는 등 소금이 통화로서의 가치를 지녔습니다. 비트코인 또한 물건과 교환할 수 있어야 비로소 현금과 같은 가치를 지니게 됩니다.

채굴로 비트코인을 발굴하더라도 이는 단순한 디지털 데이터 조각에 불과합니다. 처음에는 이곳저곳에 흩어진 자갈과 마찬가지로 아무런 가치도 없었습니다. 그러다 보니 특정 게임 안에서만 통용되는 '게임 안 통화(포인트)'로 뜬금없이 원이나 달러 등의 현금으로 바꿀 수는 없었습니다.

현실 세계에서 통용된 통화로서의 가치를 지니게 된 것은 2010년 5월 22일의 일이었습니다. 플로리다에 거주하던 한 프로그래머가 "비트코인으로 피자를 사고 싶어"라고 비트코인 개발자 포럼에 글을 올렸는데, 이에 응답한 피자 가게가 '피자 2판 = 1만 BTC'에 거래했습니다. 이로써 단순히 데이터에 지나지 않던 비트코인을 처음으로 현실의 물건과 교환할 수 있었으며, 이때가 바로 실제 가치가 생긴 순간이었습니다.

현재 5월 22일은 '비트코인 피자 데이'라 불리며 비트코인 관계자들의 기념일이 되었습니다. 참고로, 피자 가게가 피자를 판 대가로 받은 1만 BTC를 요즘 시세(2023년 12월 1BTC＝5,000~6,000만 원)로 환산하면 5,000~6,000억 원에 달합니다. 그때 받은 비트코인을 팔지 않고 계속 보유하고 있다면 말입니다.

'값'을 매긴 순간부터 생기는 '가치'

비트코인을 피자와 교환할 수 있다는 것은 미국 달러와도 바꿀 수 있다는 이야기입니다. 예를 들어, '피자 2판 = 20달러'라고 한다면 이 시점에서 '피자 2장 = 1만 BTC = 20달러'라는 등식이 성립합니다. 또한 미국 달러와 교환할 수 있다는 말은 한국의 원과도 교환할 수 있다는 뜻입니다.

일단 '값'이 매겨지면 가상 통화 역시 경제 활동이 됩니다. 예를 들어, 특정 게임에서 아이템과 교환하고자 사용한 '게임 통화(포인트)'를 돈을 내서라도 가지려는 사람이 나타나고, 이런 거래가 인터넷 옥션 등에서 일어난다면 단지 디지털 데이터라도 '값'이 매겨집니다. 이론적으로 '교환 가능'할 뿐만 아니라 언제든 교환할 수 있는 '장소'가 있다면 그곳에 시장이 생깁니다. 팔고 싶은 사람과 사고 싶은 사람이 있고, 이 둘을 연결할 수 있다면 다양한 물건이나 서비스 역시 거래대상이 됩니다. 여기에서 현실과 가상을 구별하는 일은 의미가 없습니다.

3. 비트코인은
누가 운영할까?

———————— 특정 국가나 기업, 단체에서 발행하는 게 아닌 비트코인은 애당초 운영 주체가 없고 관계자들이 서로 대화하며 운영합니다. 다시 말해, 개발자 커뮤니티, 채굴업자, 거래소, 서비스 사업자, 최종 이용자가 비트코인의 주요 이해관계자stakeholder입니다.

여러 번 언급하지만, 오픈 소스(어떤 소프트웨어 프로그램을 개발하는 과정에 필요한 소스 코드나 설계도를 누구나 접근해서 열람할 수 있도록 공개하는 것-옮긴이 주) 프로젝트로 개발 중인 비트코인은 특정 국가나 기업, 단체가 발행하거나 관리하지 않습니다.

그러므로 개발 방향이나 규칙도 일방적인 하향식으로 정해지지 않고, 관계자들이 서로 소통하며 이를 정합니다. 앞에서 설명했듯이 국가에 속하지 않는 국제 통화이면서 중심이 없는 분산형 통화이고, 그 결정 방식이 민주적인 통화인 것은 이런 이유에서입니다.

그러면 비트코인은 누가 어떻게 운영할까요? 여기서는 다양한 비트코인 이해관계자를 소개합니다.

개발자, 채굴업자, 거래소, 서비스 사업자, 최종 이용자

비트코인 관계자들의 위치를 동심원으로 나타낸다면, 원 중심 가까이에 있을수록 비트코인 개발 초기부터 참여한 핵심 개발자라 할 수 있습니다(90쪽, 〈그림 5〉 비트코인 이해관계자 참고). 비트코인 소프트웨어를 실제로 개발한 사람이기도 합니다.

바로 바깥쪽에는 전 세계에서 이루어지는 비트코인 거래를 승인하고 그 보상으로 새로운 비트코인을 얻는 '채굴자 miner'라 불리는 사람이 있습니다. 채굴을 담당하는 채굴업자가 슈퍼컴퓨터에 버금가는 컴퓨팅 능력과 전기 요금을 부담하고 모든 거래를 승인해 주므로 비트코인이라는 가상 통화가 성립하는 것입니다.

그 바깥에는 실제 비트코인 거래를 중개하는 '거래소'가 있습니다. 거래소가 담당하는 일은 주로 비트코인 교환, 보관, 송금 등입니다. '교환'이란 비트코인을 원이나 달러, 또는 다른 가상 통화와 서로 바꾸는 것으로, 비트코인 매매가 이에 해당합니다. 거래소는 이용자를 대신하여 교환으로 얻은 비트코인을 '보관'합니다. 이와 함께 절차가 간단해 수수료가 비교적 저렴한 '송금'은 비트코인의

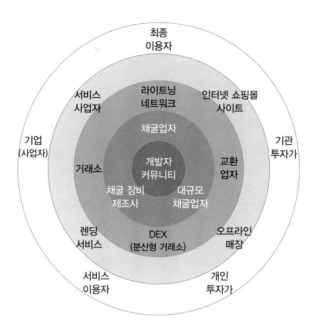

최종
이용자

서비스
사업자

라이트닝
네트워크

인터넷 쇼핑몰
사이트

채굴업자

기업
(사업자)

기관
투자가

거래소

개발자
커뮤니티

교환
업자

채굴 장비
제조사

대규모
채굴업자

렌딩
서비스

DEX
(분산형 거래소)

오프라인
매장

서비스
이용자

개인
투자가

그림 5 비트코인 이해관계자

전문 분야 중 하나입니다(거래소의 역할은 93쪽에서 다시 살펴봅니다).

그다음 바깥쪽에는 비트코인을 이용한 서비스를 개발하는 '사업자'가 있습니다. 보유한 비트코인을 빌려주는 렌딩 서비스, 비트코인 결제를 맡은 전자 상거래^{EC} 사이트나 실제 매장 등이 이에 해당합니다.

가장 바깥쪽에 있는 이해관계자는 최종 이용자^{end user}인 여러분입니다. 이용자가 직접 비트코인을 사고팔 수도 있지만, 비트코인을 직접 관리하려면 그만큼의 수고와 위험을 각오해야 합니다. 이에 일반적으로 비트코인 그 자체는 거래소에 맡겨두고, 매매나 송금을 지시하는 방식으로 거래합니다.

운영은 참여자 간의 대화로 결정

개발자와 채굴자 등 비트코인의 주요 관계자는 부정기로 열리는 비트코인 콘퍼런스에 모여 이후 방향을 논의합니다. 중앙에 서버가 있고 누군가가 이를 관리하는 시스템보다는 여러 사람이 분산 관리하는 시스템이 민주적이고 비용도 들지 않으므로 이것이 애초의 설계 사상이었습니다.

중앙에 서버가 있으면 자연스럽게 이를 운영하는 사람에게 권력이 집중되곤 합니다. 기존 통화에서는 이 역할을 국가와 중앙은행이 맡습니다. 그러나 국가가 무언가를 정하는 시스템은 좋지 않다며 국가를 믿을 수 없다고 말하는 사람들도 있습니다. 이런 사람들은 본래 누군가의 지시를 받는 것을 싫어하므로 모두가 자유 의지로 참여하며 참여자 사이에는 상하 관계없이 대화하면서 규칙을 만들어 개별 거래에 문제는 없는지 서로 승인하는 시스템을 선호합니다.

전원 참여를 통한 의사결정을 중요하게 여긴다는 의미에서는 급진적 민주주의이기도 하고, 정부를 믿지 않는다는 뜻에서는 무정부주의(아나키스트)에 가까운 발상이기도 합니다. 비트코인이나 블록체인의 배경에는 처음부터 이런 생각이 자리 잡고 있었는지도 모릅니다.

4. '거래소'의 역할은 무얼까?

──────── 거래소의 역할은 크게 3가지입니다. ① 비트코인과 원이나 달러, 그 밖의 가상 통화를 교환하는 장소를 제공합니다. 직접 거래의 주체가 되기도 합니다(판매소 방식). ② 이용자 대신 비트코인을 보관합니다. ③ 이용자의 지시에 따라 비트코인을 송금합니다.

거래소의 주요 역할은 비트코인의 교환, 보관, 송금입니다. 여기서는 이에 관해 자세히 살펴봅니다.

거래소는 언제나 교환할 수 있는 장소를 제공한다

비트코인 거래에서 거래소는 '언제나 교환할 수 있는 장소'를 제공합니다. 교환하는 것은 원과 BTC, 달러와 BTC처럼 법정 통화와 비트코인만은 아닙니다. BTC와 ETH, BTC와 XRP(리플 통화 단위), ETH와 XRP처럼 가상 통화끼리 교환할 수도 있습니다.

어느 때든 팔고 싶은 사람과 사고 싶은 사람을 연결해서 매매를 중개하는 것이 '거래소'의 역할입니다. 가격을 정하는 것은 어디까지나 시장에 참가하는 개인이므로 현재 거래 가격을 참고해 "얼마에 사고 싶다", "얼마에 팔고 싶다"라고 자기 주머니 사정에 따라 거래소에 지시하면 매매가 이루어집니다.

비트코인 거래는 상대가 나타나야 비로소 성립하는 '상대 거래'이므로 아무리 자신이 "○원에 팔고 싶다", "○원에 사고 싶다"라고 말해도 그 가격에 사는 사람과 파는 사람이 나타나지 않으면 매매는 이루어지지 않습니다. 그런데도 팔고 싶거나 사고 싶다면 거래 가격을 변경하여 새로운 상대를 찾아야 합니다. 거꾸로 이 가격에 만족하지 않는다면 자신이 '팔고 싶다', '사고 싶다'라고 생각하는 시점이 올 때까지 기다리면 됩니다.

중앙 시장이 없는 나스닥 방식

이름은 거래소이나 비트코인에는 한국거래소, 뉴욕증권거래소와 같은 실제 중앙 시장은 없습니다. 시장 참여자끼리 네트워크로 연결되어 매매하는 나스닥 시장과 닮았는데, 증권 회사에 해당하는 거래소끼리의 네트워크로 비트코인 가격(거래 비율)을 실시간으로 정합니다.

거래소는 세계 여러 곳에 있으며 자국 통화와 언제든 교환할 수 있다면 그만큼 비트코인 거래량도 늘어납니다. 요컨대 유동성이 크면 사용하기 편해져 통화로서의 가치도 오릅니다. 즉, 실제로 사용할 수 있으므로 신용이 생기고, 그에 따라 가치도 오릅니다.

거래소와 판매소의 차이는?

거래소와 비슷한 것으로 '판매소'가 있습니다. 마찬가지로 '암호자산 교환 업자'가 '거래소'와 '판매소' 모두를 운영할 때도 있어서 혼동하기 쉬우나 양자에는 몇 가지 분명한 차이가 있습니다.

먼저 거래소를 통해 비트코인을 매매하는 것은 어디까지나 이용자끼리입니다. 이용자끼리 다양한 물건을 사고파는 중고시장과 마찬가지로 거래소는 팔고 싶은 사람과 사고 싶은 사람을 연결하는 존재입니다. 그러므로 아무리 '팔고 싶다', '사고 싶다'란 생각이 들더라도 해당 가격에 거래할 상대(이용자)를 찾지 못하면 매매는 이루어지지 않습니다.

이와 달리 판매소는 사업자가 가진 비트코인을 이용자에게 팔거나 (자기 돈으로) 이용자로부터 비트코인을 삽니다. 쿠팡에서 직접 물건을 살 때 물건값을 내는 것과 마찬가지로, 이때 거래 상대는 어디까지나 판매소입니다. 판매소에서 사는 가격과 파는 가격을 미리 정해 두므로 이용자에게 선택의 여지는 없으나 거래 상대가 나타나지 않아 팔 수 없거나 살 수 없는 일은 거의 일어나지 않습니다. 이런 차이로 인해 거래소와 판매소 사이에는 거래할 때 내는 '수수료'에도 차이가 있습니다. 거래소에서는 판매 중개만 하므로 일반적으로 수수료가 저렴하거나 무료입니다.

한편, 판매소는 같은 비트코인이라도 팔 때의 가격 설정과 살 때의 가격 설정에 차이를 둡니다. 즉, '싸게 사서 비싸게 팔기'로 이익을 냅니다. 살 때 가격과 팔 때 가격의 차이를 스프레드^{spread}라고 하는데, 이 스프레드가 판매소의 몫으로, 실질적으로 수수료라고 할 수 있습니다. 예를 들어, 구매 비율이 '1BTC = 5,300만 원', 판매 비율이 '1BTC = 5천만 원'일 때 0.01BTC를 사면 53만 원, 0.01BTC를 팔면 50만 원입니다. 차이 금액 3만 원이 스프레드로, 이것이 거래소 수익이 됩니다. 이용자가 볼 때, 산 순간 판다면 3만 원의 손해가 생기므로 이익을 얻으려면 적어도 3만 원 이상 가격이 오를 때까지 기다려야 합니다.

이처럼 판매소는 팔고 싶을 때 팔고, 사고 싶을 때 살 수 있다는 게 장점이나 실질적인 수수료가 상대적으로 비싸므로 자주 매매하기에는 적절치 않다는 측면이 있습니다. 이러한 차이를 이용자 시점에서 정리한 것이 〈그림 6〉입니다.

	거래소	판매소
거래 상대	이용자끼리	판매소 ⇔ 이용자
사고파는 가격	이용자가 정함	판매소가 정함
거래 시점	상대를 찾지 못하면 성립하지 않음	사고 싶을 때 사고, 팔고 싶을 때 팔 수 있음
수수료	저렴함/무료	구매 가격 – 판매 가격 = 스프레드(비교적 비쌈)
주문 난이도	현재 비율에 맞도록 매매하는 '시장가 주문'. 미리 구매 가격과 판매 가격을 정해 두고, 그 가격이 되면 자동으로 매매하는 '지정가 주문' 등 거래 방식에 익숙해져야 함	가격이 정해져 있으므로 알기 쉬움 (초보자에게 적합)

그림 6 거래소와 판매소의 차이

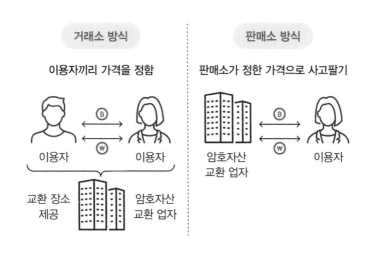

그림 7 거래소 방식과 판매소 방식

비트코인 보관 계좌

거래를 통해 손에 넣은 비트코인은 자기 스마트폰이나 컴퓨터에 직접 내려받을 수도 있으나 이용자 대부분은 거래소에 맡긴 채로 둡니다. 은행 예금과 마찬가지로 이용자의 비트코인을 '보관'하는 것이 거래소의 두 번째 역할이기 때문입니다(정확히는 내려받거나 맡기거나 하는 것은 비트코인 그 자체가 아니라 비트코인의 '비밀 키'입니다).

이때 자기 손안에 비트코인(의 비밀 키)이 있는 게 아니므로 여러분이 가진 비트코인을 팔 때도 거래소에 '○BTC를 팔아 주세요'라고 지시하기만 하면 되기에 직접 보내지 않아도 됩니다. 은행 예금에서 '○○○의 계좌로 송금해 주세요'라고 앱상에서 신청만 하면 송금이 완료되는 것과 마찬가지입니다.

비트코인은 디지털 데이터에 지나지 않지만, 그 자체로 가치가 있는 '돈'입니다. 그러므로 직접 보관할 수도 있습니다. 하지만 자기 스마트폰이나 컴퓨터에 데이터를 저장했다가 실수로 그것을 삭제하거나 스마트폰 자체를 잃어버릴 염려가 있습니다. 거래소에 맡겨두면 이러한 걱정거리는 사라집니다(비트코인의 보안에 관해서는 3장에서 살펴봅니다).

그런데 왜 직접 내려받는 사람이 있는 걸까요? 이는 장롱 예금과 은행 예금 중 어느 쪽을 믿느냐와 마찬가지로, 세상에는 은행을 믿지 못하는 사람도 있고 애당초 은행 계좌조차 없는 사람도 많습니다. 이런 사람들이 믿는 건 은행이 아니라 '현금'입니다. 이 같은 맥락에서 거래소에 맡기기보다는 직접 가지고 있고 싶다는 사람도 있기 마련입니다.

미국에는 국가나 대기업은 믿을 수 없어서 내 일은 내가 직접 정하겠다는 자유의지론 사상을 가진 사람이 상당히 많습니다. 비트코인은 특정 국가에 속하지 않는 국제 통화이자 특정 기업의 지배를 받지 않는 민주적 통화이며 한곳에서 관리되지 않아 위험을 분산할 수 있는 분산형 통화입니다. 이런 비트코인의 성격을 떠올리면 여러분의 비트코인을 한곳(거래소)에 보관하는 것을 탐탁지 않게 여기는 사람이 있는 것도 사실입니다.

국제 송금은 비트코인의 전문 분야

거래소의 또 다른 역할로 비트코인을 누군가에게 보내는 '송금'을 들 수 있습니다. 비트코인을 자산으로서 값이 오를 때까지 기다리는 게 아니라 통화로서 사용할 대상이라 간주한다면, 여러분이 가장 먼저 떠올릴 것은 아마도 외국으로 돈을 보내거나 외국에서 돈을 받는 등의 국제 송금일 겁니다.

비트코인은 국가 간 돈을 움직이는 수단으로 뛰어난 면모를 보입니다. 은행을 거치는 기존의 국제 송금은 시간이 걸릴뿐더러 송금 수수료도 무시하지 못할 정도이기 때문입니다.

　예를 들어, 미국에 본사를 두고 한국에 지사(자회사)가 있는 외국계 기업이라면, 혹은 반대로 한국 기업이 미국에 지사(자회사)를 두고 있다면 원에서 달러, 달러에서 원으로 자금이 오가는 데만 해도 이중으로 수수료가 발생할 것입니다. 이때 '원 → 비트코인 → 달러', '달러 → 비트코인 → 원'처럼 비트코인을 사이에 둔다면 거래 시간을 대폭 줄이고 수수료도 아낄 수 있습니다(단, 큰 금액을 국제 송금할 때는 비트코인보다 스테이블 코인에 주목합니다).

국제 송금을 처리하는 기존 체계

　은행을 거치는 국제 송금에서는 고객의 송금 지시를 받은 국내 은행과 송금할 곳의 외국 은행 모두에 계좌가 있다면 이를 이용해 자금을 보내면 되지만, 그렇지 않다면 두 은행 모두가 계좌를 개설한 다른 환거래 은행correspondent bank이 중간에 있어야 합니다.

　예를 들어, 한국 지방 은행에서 싱가포르에 있는 은행으로 미국 달러를 보낸다고 할 때 외환을 다루는 서울의 대형 은행과 전 세계에 지점이 있는 뉴욕의 은행을 거칠 수 있습니다. 사이에 있는 환거래 은행 수가 늘면 그만큼 수수료 부담도 커지고, 혹 도중에 계좌 번호를 잘못 쓰는 등 실수가 발생하면 송금이 중지되기도 합니다.

송금 수수료가 비싼 이유는 기본적으로 사람이 절차를 확인하기 때문입니다. 여러 은행을 거치는 번거로운 절차를 사람이 모두 확인하므로 인건비가 더 들뿐만 아니라 실수가 생기기도 쉽습니다. 사람이 하던 일을 컴퓨터로 자동화한다면 복잡한 처리도 한순간에 끝낼 수 있어서 수수료를 저렴하게 설정하더라도 충분한 수익을 올릴 수 있습니다.

국제 송금에 관한 은행 사이의 절차에서는 국제은행 간 통신협회Society for Worldwide Interbank Financial Telecommunication, SWIFT 시스템이 사용됩니다. 각국의 가맹 은행에 SWIFT가 발행하는 코드가 할당되는데, 이것이 '주소' 역할을 합니다. 이 주소에서 저 주소로 '얼마를 보낼 것인가?'라는 암호화된 메시지를 주고받는 것이 SWIFT가 하는 일입니다. 그런데 1970년대부터 있던 체계이다 보니 처리도 느리고 비용도 많이 듭니다.

사람이 하던 번거로운 일을 정보통신 기술을 통해 자동화하면 누구든지 빠르고 저렴한 가격으로 질 좋은 서비스를 이용할 수 있습니다. 블록체인 기술을 사용한 가상 통화에 주목하는 주된 이유 중 하나가 바로 이것입니다.

전용 전자 지갑만으로 송금 완료

비트코인 송금은 전자 지갑이라 부르는 전용 애플리케이션을 통해 이루어집니다. 사용법은 무척 간단해 상대 비트코인 주소만 알면 즉시 송금할 수 있습니다. 이 전자 지갑은 돈주머니라기보다는 '은행 예금 계좌'에 더 가깝습니다. 계좌의 잔액 범위에서 송금할 수도 있고 누군가에게 송금받을 수도 있습니다.

그러나 현금이 든 지갑과 달리 전자 지갑에는 비트코인 자체가 든 것은 아니므로 전자 지갑 애플리케이션을 설치한 스마트폰을 잃어버리더라도 비트코인이 사라질 염려는 없습니다(클라우드에 맡겨 두므로). 이런 뜻에서도 전자 지갑이라 하면 '지갑'이라기보다는 '은행 계좌' 그 자체를 가지고 다니는 모습을 떠올리세요.

단, 비트코인 전자 지갑과 은행 계좌의 가장 큰 차이점은 송금할 곳의 계좌 번호를 다루는 법입니다. 은행 계좌는 원칙상 한 개의 계좌 번호는 한 사람에게만 부여되므로 이체할 곳의 계좌 번호는 항상 같습니다. 비트코인은 한 사람이 하나의 전자 지갑을 가지는 것이 원칙이라는 점은 같으나 송금할 곳의 비트코인 주소는 여러 개를 발행할 수 있으므로 매번 다른 번호(비트코인 주소)를 발행하여 송금받는 것이 일반적입니다. 즉, 1개의 전자 지갑 안에는 수많은 주소가 있습니다.

비트코인 주소를 '계좌 번호'에 비유해 설명할 때도 있지만, 오히려 별도의 계정으로 관리하는 '여러 개의 이메일 주소'라고 생각하는 편이 이해하기 쉬울 겁니다. A가 상대에 따라 여러 개의 메일 주소를 두고 B와 주고받을 16자리 주소, C와 주고받을 16자리 주소처럼 각각 다른 주소를 사용하는 모습을 떠올려 보세요.

덧붙여, 인터넷 주소인 IP 주소를 자동으로 할당하듯이 비트코인을 송금할 곳의 주소도 매번 자동으로 할당됩니다. 상대가 "이 주소로 송금해 주세요"라고 하면 해당 주소로 보내면 그만입니다.

5. 블록체인이란
어떤 기술일까?

────── 블록체인은 P2P 네트워크를 이용한 '분산형 원장' 기술입니다. 수백 개에서 수천 개의 비트코인 거래 기록(트랜잭션)을 하나로 모은 블록을 여러 사람이 나누어 승인하고 이를 한 줄의 체인(사슬) 형태로 공유합니다.

이번에는 비트코인을 떠받치는 블록체인 기술에 관해 살펴보겠습니다. 비트코인 각 거래를 '트랜잭션 transaction'이라 부르며 모든 트랜잭션은 "A에서 B로 ○BTC 이동한다"라는 형태로 기록합니다.

A가 B에게 비트코인을 팔 때(B가 A로부터 구매)든 A가 B에게 비트코인을 보낼 때(B가 A로부터 받음)든 A가 B에게 무언가의 대금을 비트코인으로 결제할 때(B가 A로부터 받음)든 모두 "A에서 B로 ○BTC 이동한다"라고 표현할 수 있기 때문입니다.

미승인 트랜잭션이 쌓일 때

비트코인 거래는 전 세계 24시간, 365일 이루어집니다. 모든 거래는 공개되므로 블록체인닷컴(https://blockchain.com/explorer)을 방문하면 실시간으로 일어나는 트랜잭션 변화를 확인할 수 있습니다. 그러나 비트코인 거래는 서로 승인해야 비로소 성립되므로 이 단계의 모든 거래는 아직 '미승인' 상태입니다. 이에 비트코인은 미승인 트랜잭션을 대략 10분 단위로 모아 하나의 '블록'으로 만들고 이를 한꺼번에 승인하도록 하는 과정을 채택했습니다.

새롭게 승인한 블록은 이미 승인이 끝난 블록을 한 줄로 이은 '체인(사슬)' 마지막에 연결합니다. 이렇게 하면 드디어 거래 성립입니다. 거꾸로 말하면, "A에서 B로 ○BTC 이동한다"라는 지시가 있더라도 이 트랜잭션을 포함한 블록을 승인하지 않는 이상 거래는 이루어지지 않습니다. 비트코인 송금 지시부터 거래 완료까지 시간이 걸리는 이유는 승인을 기다리는 줄이 있기 때문입니다.

수수료에 따라 모르는 무선순위

승인을 기다리는 시간을 줄이는 방법도 있습니다. "트랜잭션에 수수료를 추가할 테니 이 거래를 빨리 승인해 주세요"라고 하는 방

법입니다. 급행 수수료는 1번 송금할 때 0.0002BTC('1BTC=5천만 원'
이라면 '1만 원')입니다.

트랜잭션 수수료는 송금을 대행하는 거래소가 정합니다. 적은
금액의 송금 거래 대부분은 수수료가 고정이지만, 송금액이 많은
경우 등 빨리 처리해야 한다면 추가 수수료를 부과할 수도 있습니
다. 승인 작업을 담당하는 채굴업자가 볼 때는 수수료가 비쌀수록
수익이 늘어나므로 이러한 트랜잭션을 우선하여 블록에 추가하도
록 규칙이 정비되어 있습니다. 거래소에서 수수료를 높게 설정하
면 해당 거래소의 거래를 우선하여 승인합니다. 이와 달리 수수료
를 무료로 설정하면 승인까지 며칠, 심지어는 몇 주가 걸릴 수도
있습니다.

해시 함수로 해시값 생성

각각의 트랜잭션은 해시 함수라 부르는 특수한 함수를 거쳐 규
칙성이 없는 일정 길이의 문자열(해시값)로 바뀝니다. 해시 함수를
이용하면 아무리 큰 데이터라도 같은 길이의 완전히 다른 문자열
로 변환할 수 있어서 암호 기술에서는 이 함수를 자주 사용합니다.

예를 들어, "A에서 B로 1BTC 이동한다"라는 문자열을 비트코
인에서 이용하는 'SHA256'이라는 해시 함수에 넣으면,

CEFF7C9449CFF75F29FB8ED7EC8F1DA9AA50F7B31C97

1CA544711A34620CA237

이러한 64자리 해시값을 얻을 수 있습니다. 같은 방법으로, 0을 하나 더해 "A에서 B로 10BTC 이동한다"라는 문자열을 'SHA256' 함수에 넣으면,

5CF63BFA192DFCBA3E23B79753112A0106C241A281D66

78A6C3B77CD51E4F9F0

이 같은 64자리 해시값을 얻습니다. 이처럼 입력 데이터를 조금만 바꾸어도 전혀 다른 해시값을 출력하는 것이 해시 함수의 특징입니다. 단, 입력 데이터로 해시값을 생성하기는 간단하지만, 해시값을 원래 데이터로 되돌리기는 불가능합니다. 즉, 불가역적이므로 나중에 마음대로 변경할 수 없습니다. 이런 원리 덕분에 거래 변조를 막을 수가 있습니다.

블록 71만 개를 이은 한 줄의 사슬

암호화한 각각의 트랜잭션은 10분마다 하나로 묶여 블록으로

저장됩니다. 그래서 하나의 블록에는 수백~수천 개의 트랜잭션이 들어 있습니다. 여기서는 이야기를 단순화하고자 1개의 블록에 100개의 트랜잭션이 있다고 가정해 보겠습니다. 그러면 비트코인이 생긴 후 첫 거래부터 100번째 거래까지는 첫 번째 블록에 저장됩니다. 두 번째 블록에는 101번부터 200번째, 세 번째 블록에는 201번부터 300번째 트랜잭션이 저장되므로 100번째 블록에는 9,901번부터 10,000번째, 1,000번째 블록에는 99,901번부터 100,000번째 트랜잭션이 저장됩니다(정확히 말하면 수수료가 높은 트랜잭션일수록 우선 승인되므로 꼭 거래가 이루어진 순서대로 블록에 저장되지는 않습니다).

블록은 대략 10분마다 승인되어 사슬 마지막에 추가되므로, 1시간에 6개, 1일에 144개, 1년에 5만 2,560개의 블록이 새롭게 추가됩니다. 2021년 11월 블록의 개수는 71만 개입니다.* 즉, 71만 개의 블록을 이은, 분기 없는 단 하나의 체인에 과거 모든 비트코인 거래 기록이 남아 있습니다. 블록이 이렇게 사슬 모양으로 이어지므로 '블록체인'이라 부릅니다.

블록을 잇는 방법에는 규칙이 있으므로 새로운 블록을 마지막에 추가하려면 그 규칙에 따라 '키'를 찾아야 합니다. 이 키를 찾는 작업을 '채굴'이라 부릅니다. 이에 관해서는 다음 〈채굴이란 무얼

---

* "2024년 다음 비트코인 반감기는 언제인가?", https://academy.binance.com/ko/halving

까)(111쪽)에서 다시 살펴봅니다. 덧붙여, 일단 블록이 체인 마지막에 연결되었다면 추후 블록의 순서를 바꿀 수는 없습니다. 이 이유도 잠시 후 알아봅니다.

P2P 네트워크를 이용한 분산형 원장

블록체인은 어딘가 있는 서버에서 집중적으로 관리하는 게 아니라 전 세계에 있는 여러 대의 컴퓨터에 같은 내용으로 저장됩니다. 중심에 국가나 기업이 있고 이곳에서 관리하고 운영하는 중앙 집권적인 방식이 아니라 개별 컴퓨터끼리 네트워크로 연결되어 직접 데이터를 주고받는 'P2P peer to peer 방식'을 이용합니다. 블록체인을 분산형 원장이라 부르는 것은 P2P 네트워크로 관리 및 운영되는 거래 기록원장이기 때문입니다.

종이 원장에 비유하자면, 먼저 과거 거래를 모두 기록한 원장이 있고 이후 새로운 거래가 어느 정도 쌓이면 이 거래 내용을 별도의 종이에 모두 옮겨쓰고 나서, 원장 마지막 페이지에 이를 덧붙입니다. 이렇게 만들어진 원장 최신 버전을 한곳에 보관하는 것이 아니라 도난을 방지하고자 몇 부를 복사한 다음, 각각 다른 곳에서 보관합니다.

비트코인 거래를 각각 따로 승인하지 않고, 수백~수천 개의 거래를 하나로 모아 승인하는 것은 같은 블록체인을 네트워크로 연결된 여러 대의 컴퓨터가 각각 보관하기 때문입니다. 거래가 생길 때마다 매초 수십~수백 번에 걸쳐 네트워크로 연결된 모든 컴퓨터를 동시에 업데이트하기는 물리적으로 불가능하므로 10분마다 하나로 모아 승인하는 것입니다.

6. 채굴이란 무얼까?

비트코인 거래는 서로 승인해야만 비로소 성립됩니다. 이 승인 작업을 '채굴'이라 하는데, 10분마다 경쟁 형식으로 진행됩니다. 경쟁의 승자만 비트코인을 발굴할 수 있어서 채굴이라 부르게 되었습니다.

채굴이란 과거의 모든 거래를 기록한 사슬 마지막에 새로운 블록을 연결할 때 필요한 '키'를 찾는 작업입니다. 구체적으로 무엇을 말하는 것인지, 좀 더 자세히 살펴보겠습니다.

임의의 문자열을 처음부터 깡그리 뒤지는 '작업 증명'

해시 함수로 각각의 트랜잭션을 64자리 해시값으로 변환하는 것처럼, 각각의 블록도 해시 함수를 이용하여 64자리 해시값으로 변환할 수 있습니다. 그리고 새로운 블록을 추가할 때는 '바로 앞 블록의 해시값＋이번 블록에 포함된 모든 거래 데이터＋임의의 문자열'을 마찬가지로 64자리 해시값으로 변환하되 처음 19개 정도의 문자열이 모두 '0'이 되는 임의의 문자열을 찾는 게 규칙입니다.

이 임의의 문자열을 논스^{number used once, Nonce}라 부릅니다. 말 그대로 '1번밖에 사용할 수 없는', 그 자체로는 아무런 의미도 없는 문자열입니다. 논스는 32비트 무작위 값이므로 마음대로 정할 수 있으나 문자가 1개라도 다르면 생성한 해시값도 전혀 달라집니다. 즉, 처음부터 모든 문자를 대입하며 임의의 논스를 조사해야 합니다.

이처럼 이 잡듯이 샅샅이 뒤지는 시행착오 과정을 '작업 증명^{proof of work, PoW}'이라 부릅니다. 앞에서 2가지 해시값을 예로 들었는데, 우연히 생성된 해시값의 처음 19문자가 모두 '0'이 될 확률이 얼마나 낮은지는 상상조차 할 수 없습니다. 머리가 어지러울 정도의 시행착오를 거쳐야 합니다.

무작위로 만든 해시값의 처음 19문자가 모두 '0'일 확률은 얼마나 낮을까요?

0000000000000000000a91c26189de16097218259192370e344e79dad4491635

수억 번, 수조 번에 이르는 시행착오를 불과 10분 만에 해내야 하므로 엄청난 컴퓨팅 능력과 전력이 필요합니다. 그러나 무언가 의미 있는 계산을 하는 게 아니라, 우연히 해시값의 처음 19개 정도의 문자가 '0'이 되는 논스를 찾는 것뿐입니다. 이것이 작업 증명의 실제 정체입니다.

10분마다 벌어지는 채굴 경주

작업 증명은 혼자만 하는 게 아니라 10분마다 전 세계의 채굴업자가 참가하는 경주 방식으로 이루어집니다. 그리고 조건을 만족하는 논스를 처음 찾은 사람이 승자가 되어 새로 발행한 비트코인을 그 보상으로 받습니다. 경주 승자만이 비트코인을 발굴할 수 있으므로 채굴이라 부르는 것입니다.

안타깝지만, 1등이 되지 못한 2등 이하는 처음 찾은 키가 올바른 키인지를 확인합니다. 키를 찾으려면 엄청난 수고를 들여야 하지만, 그 키가 올바른지는 쉽게 확인할 수 있습니다. 이것이 채굴 경주에서 재미있는 부분입니다. 여러 사람이 '이 키는 올바르다'라고 확인한 단계에서 이를 정식 블록으로 인정하고 블록체인 마지막에 새롭게 추가합니다.

이러한 경쟁이 10분마다 반복됩니다. 경주는 10분 정도밖에 걸리지 않으므로 누군가가 승자가 되자마자 '준비! 시작!'이라는 신호와 함께 새로운 경주가 시작됩니다. 키를 찾는 작업 증명 자체는 모든 값을 확인하는 시행착오의 연속일 뿐이므로 돈을 아끼지 않고 고성능 컴퓨터에 투자하는 채굴업자가 유리할 수밖에 없습니다.

그렇다고 하더라도 시간이 흐르면서 채굴도 점점 어려워집니다. 비유하자면, 원주율 π를 계산할 때 1억 번째 숫자보다는 1억 첫 번째 숫자, 1억 두 번째 숫자를 찾는 게 더 어려운 것처럼 자릿수가 늘수록 해시값을 찾기가 어렵습니다. 즉, 지금은 0이 19개 연속인 해시값을 찾지만, 이것이 20개로 늘면 찾을 가능성은 훨씬 낮아질 겁니다.

비트코인을 보상으로 받는 것은 오직 승자뿐

채굴 경주에 참여한 사람의 동기는 두말할 것도 없이 보상으로 주어지는 비트코인입니다. 매번 가장 먼저 수식을 푼 사람은 6.25BTC를 보상으로 받습니다. '1BTC = 5천만 원'이라고 가정하면 '6.25BTC = 3억 1,250만 원'입니다. 즉, 키를 한 번 찾는 데 드는 비용이 3억 1,250만 원 이하라면 돈을 번다는 계산입니다.

단, 경주 참가자가 많을수록 승자가 될 확률은 낮아집니다. 따라서 자신의 컴퓨팅 성능 등으로 얼마나 자주 1등이 될 수 있는지를 고려해 비용을 계산해야 합니다. 채굴 경주에서 승리하려면 창고 등의 공간을 마련해 전용 컴퓨터를 대량 사들인 후 이를 쉼 없이 가동해야 합니다. 다만, 컴퓨터를 24시간 가동하면 그만큼 열이 발생해서 냉각에 드는 전력 비용이 많이 듭니다. 채굴 보상이 임대료, 컴퓨터 구매 비용, 전력 비용 등을 모두 합한 비용을 넘는다면 그만큼 이익이 됩니다.

지금은 비트코인 가격이 순조롭게 움직이므로 이익을 내는 데 문제가 없습니다. 다시 말해, 비용을 들여서라도 채굴할 가치가 있습니다. 그렇지만 경주에 참여하는 초기 비용이 점점 느는 중입니다. 그러다 보니 이제는 수십억 원 단위의 돈을 들이지 않으면 경쟁조차 할 수 없는 상황이 되었습니다. 참가 장벽이 이대로 오른다면 결국에는 자본력 있는 몇 곳만 경쟁에 참여하는 과점 상태가 될 수도 있습니다.

점점 오르는 채굴 전용 컴퓨터

비트코인을 채굴하려면 채굴에 특화된 집적 회로Application Specific Integrated Circuit, ASIC를 탑재한 전용 컴퓨터가 있어야 합니다. 유명한 것으로는 중국에 거점을 둔 대규모 채굴 장비 제조업체인 비트메인이나 마이크로BT의 컴퓨터입니다.

그러나 이 채굴 기기들은 구하기가 어려워졌습니다. 스마트폰이나 컴퓨터에 그치지 않고 자동차를 시작으로 다양한 사물인터넷 IoT 장비에도 반도체를 탑재하는 요즘이다 보니 전 세계적으로 반도체가 부족해졌기 때문입니다. 그 결과, 반도체 공장의 제조 설비가 폭발적인 수요의 스마트폰이나 자동차 쪽으로 쏠렸습니다.

이렇듯 채굴용 ASIC까지 제조할 여력이 없다 보니 채굴 장비 가격은 점점 오르는 중입니다. 그러나 비싼 돈을 내더라도 그보다 더 많은 돈을 벌 수 있다면 비즈니스는 성립합니다. 지금은 비트코인의 가격 상승 폭이 채굴 장비 가격 상승 폭을 충분히 흡수할 수 있어서 당분간은 이 흐름이 유지되리라 생각합니다.

채굴 기업을 상장하여 자금을 조달하는 시대

라이엇 블록체인 Riot Blockchain 이나 마라톤 페이턴트 그룹 Marathon Patent Group 등 대규모 채굴 기업의 나스닥 시장 상장이 이어지고 있습니다. 상장하면 채굴을 통한 보상에 더해 자본 시장에서 자금을 조달할 수 있습니다. 이로써 채굴 업계의 세력 다툼이 더 심화되는 양상을 띠게 되었습니다.

거슬러 오르면 중국 채굴 장비 제조사가 나스닥에 상장되자 이를 이어 미국 채굴 기업이 나스닥에 상장되고, 이에 더해 미국 가상 통화(암호자산) 거래소 코인베이스도 나스닥에 이름을 올리는 흐름입니다. 〈그림 5〉에서 본 비트코인 이해관계자의 원 중심에서 바깥쪽을 향해 상장이라는 또 하나의 동심원이 생기는 형태입니다. 즉, 비트코인은 하나의 산업으로서 순조롭게 성장 중이라 할 수 있습니다.

본격적으로 인터넷이 보급되기 시작한 1990년대 말부터 1999~2000년에 걸쳐 인터넷 기업의 '닷컴 거품'이 일어, 주가가 요동친 적이 있는데 이 풍파를 견딘 아마존이나 구글은 현재 시가 총액 상위를 독차지하는 빅테크(미국 정보 기술 산업에서 가장 크고 지배적인 기업-옮긴이 주) 기업 중 하나가 되어 세계적으로 군림하고 있습니다. 비트코인에서 시작한 블록체인 산업 역시 10년 후, 20년 후 더 큰 산업이 되리라 예상하는 것은 저만의 생각일까요?

7. 비트코인의
끝은 언제일까?

―――――― 비트코인은 4년에 한 번 채굴 경주 승자에게 주어지는 보상을
반으로 줄였습니다(반감기). 게다가 비트코인에는 더 나눌 수
없는 최소 단위도 있습니다. 이에 따라 정해진 최대 발행 매수
는 2,100만 매입니다.

10분마다 펼쳐지는 채굴 경주의 보상으로 새로운 비트코인을 발
행하는데, 현재 보상은 6.25BTC입니다. 즉, 1시간에 37.5BTC, 1일
에 900BTC, 1개월에 2만 7천 BTC씩 새롭게 발행됩니다.

최대 2,100만 매 중 1,950만 매 발행 완료

앞서 발행 매수 상한이 2,100만 매로 정해진 비트코인은 유한

하므로 비로소 가치가 있다고 이야기했습니다. 발행 속도가 미리 정해져 누군가가 마음대로 발행하거나 발행하지 않을 수 없으므로 돈이 늘어 가치가 폭락하는 초인플레이션 현상 등이 일어날 염려가 없습니다.

그렇기는 하나 상한인 2,100만 매 중 1,950만 매가 발행되었다는 것은 비트코인 거래를 시작한 2009년부터 불과 14년 만에 92.8% 이상이 채굴되어 이미 시장에서 유통 중이라는 뜻입니다. 그런데 예상되는 비트코인 고갈 시점은 2141년 무렵으로, 발행이 끝난다는 것은 100년 이상 남은 미래의 이야기입니다. 왜 이런 일이 일어날까요? 그 이유로는 2가지를 들 수 있습니다.

4년에 1번 찾아오는 '반감기'

첫 번째는 비트코인 발행과 관련한 '반감기'라 부르는 규칙입니다. 간단히 이야기하면, 4년마다 개최되는 올림픽 해에 채굴 경주의 승자에게 주어지는 보상(비트코인)이 반으로 줄도록 정한 것입니다.

같은 작업인데도 보상이 2분의 1로 줄어든다면 채굴업자의 의욕은 줄어들 겁니다. 그러나 지금까지 줄어든 보상을 웃도는 가격으로 비트코인 가격이 계속 오르는 바람에 여전히 채굴은 일확천금을 노리는 사람에게 변함없이 매력적인 비즈니스입니다.

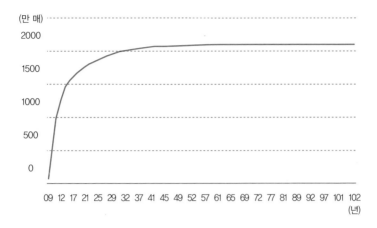

(만 매)

2000

1500

1000

500

0

09 12 17 21 25 29 32 37 41 45 49 52 57 61 65 69 72 77 81 89 92 97 101 102
(년)

그림 8 비트코인 발행 매수 변화

앞서 설명한 것처럼 비트코인 가격은 다른 투자와 같이 참여자의 '한 수 앞 읽기'로 정해져 모두가 '반감기를 경계로 배로 오르겠지', '더 오를 거야'라고 생각한다면 가격 역시 계속 오르기 마련입니다.

역사를 보면 반감기가 찾아온 것은 2012년이 첫 번째, 2016년이 두 번째, 2020년이 세 번째였습니다. 과거에 반감기를 경험한 사람은 '반감기를 경계로 비트코인이 오른 것'을 직접 보았으므로 다음 반감기에도 마찬가지 일이 일어날 것으로 기대합니다. 이러한 기대가 모인다면 2024년 반감기에도 같은 현상이 일어날 것입니다.

무어의 법칙과 반감기

그럼 반감기는 어떻게 정하는 것일까요? 반감기에 관한 사고방식의 바탕에는 반도체 집적 정밀도가 1년 반~2년마다 2배로 증가한다는 '무어의 법칙'이 있습니다. 이 경험칙을 채굴에 적용해 보면, 컴퓨터 처리 속도가 대략 2년마다 배로 늘어난다면 지금의 100시간과 컴퓨팅 능력으로 발굴한 가치는 2년 후에는 그 절반밖에 되지 않을 겁니다. 즉, 처리 속도가 2배 늘면 가치는 2분의 1로 줄어듭니다. 반감기라는 개념은 바로 이런 사고방식에서 비롯됩니다.

무어의 법칙은 주기가 1년 반~2년인데 비트코인은 4년마다 2배(비트코인의 가치는 2분의 1)로 예상하는 이유가 명확하지는 않습니다. 단, 채굴 난이도는 변화무쌍해서 딱 10분 정도에 풀 수 있도록 미세한 조정을 반복합니다. 그중 가장 큰 조정이 4년에 1번씩이라는 점을 고려하면 비트코인은 태양의 움직임과 달력 차이를 조정하는 '윤년'과 같은 것 아닐까요?

주요 CPU의 트랜지스터 개수 변화

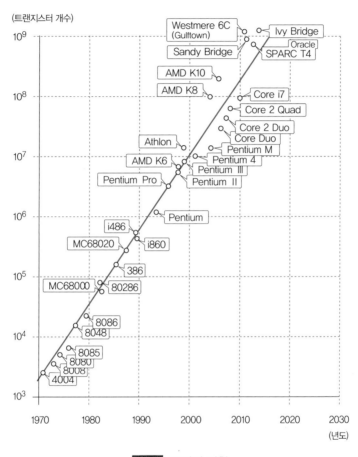

그림 9 무어의 법칙

2141년이면 멈추는 코인 발행

반감기와 함께 또 한 가지, 비트코인 발행 매수에 상한을 둔 이유는 비트코인의 최소 단위가 정해져 있기 때문입니다. 비트코인은 디지털 통화이므로 이론상으로는 소수점 이하로 몇 자리든 나눌 수 있지만, 현재 정해진 최소 단위는 소수점 이하 0이 8개인 '1satoshi = 0.000000001BTC'입니다.

반감기를 거듭할수록 채굴 보상은 언젠가 '1satoshi' 이하가 될 테고, 이 이상은 나눌 수 없다는 규칙에 따라 그 시점에 비트코인의 신규 발행은 멈춥니다. 이를 계산하면 2141년입니다.

그렇다면 이후 비트코인은 어떻게 될까요? 비트코인 거래가 성립되려면 채굴을 통한 승인 작업이 필요한데, 신규 발행이라는 보상이 없어지면 누가 시간과 비용을 들여 승인하려 할까요?

우선 각 거래에 부과하는 수수료가 보상 대신으로 주어질지 모릅니다. 또한 수수료를 합하더라도 채굴 비용을 감당할 수 없을 때는 채굴 난이도 그 자체를 조정할 가능성도 있습니다. 지금의 작업증명PoW은 해시값을 샅샅이 뒤져 처음 19개 정도가 '0'이 되는 논스를 찾는 작업이지만, 50년 후의 컴퓨팅 능력이라면 첫 30개 문자, 40개 문자가 '0'이 되는 논스여도 10분 이내에 찾을지도 모릅니다. 수수료 수입만으로도 보상이 될 만큼의 난이도라면 신규 발행이 멈추더라도 채굴 동기는 계속 유지되지 않을까요?

누구도 본 적 없는 세계

마지막 비트코인은 2141년에 채굴된다고 하지만, 이 규칙은 달라질 수도 있습니다. 채굴업자가 똘똘 뭉쳐 반 이상의 의결권을 행사한다면 규칙을 바꾸는 게 가능하기 때문입니다. 다만, 규칙을 바꾸더라도 유한하기에 가치 있는 것을 무한, 또는 무한에 가까운 상태로 만든다면 어디에서 가치가 생길지 문제입니다.

이뿐만 아니라 규칙을 쉽게 바꿀 수 없도록 설계했기에 비트코인의 신용도 유지되는 것입니다. 원이나 달러는 중앙은행이 항상 눈에 불을 켜고 시장을 감시하며 통화량을 조절합니다. 즉, 경기가 나쁠 때는 통화량을 늘려 돈이 잘 돌도록 하고, 반대로 경기가 과열되어 물가 상승률이 너무 오를 조짐이 보일 때는 통화량을 줄여 지갑 끈을 죄기도 합니다.

그러나 비트코인에는 중앙은행에 해당하는 조직이 없고, 본디 시장에 나온 비트코인 양을 조절한다는 발상도 없습니다. 그러므로 비트코인 가격이 너무 올라 거품이 끼거나 반대로 거품이 터져 비트코인 가격이 폭락하더라도 이 모두를 시장의 조정 기능에 맡깁니다.

비트코인 채굴이 모두 끝나면 더는 공급량이 늘지 않고 그 상태를 유지합니다. 이는 가격(P)을 세로축으로, 수량(Q)을 가로축으로 만든 '수요 공급 곡선' 그래프에서 공급 곡선이 수직이라는 것을 의

미합니다. 이때 수요와 가격은 어떻게 움직일까요? 누구도 가보지 못한 세상이므로 어떤 일이 일어날지를 정확히 예상하기란 쉽지 않습니다.

누구도 경험하지 못한 세상이기에 상상하기도 쉽지 않지만, 금이나 석유가 고갈되었을 때 어떤 일이 벌어질지를 떠올리면 어느 정도 힌트가 될지도 모르겠네요.

3장

가상 통화는
얼마나 안전할까?

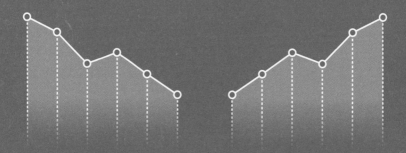

1. 비트코인을 복사하거나 변조할 염려는?

──────── 비트코인은 여러 사람이 가지 없이 한 줄로 이어진 거래 기록
(사슬 모양으로 연결된 블록)을 확인하며 운용됩니다. 같은 기록
이 2개일 수도, 다른 기록이 섞일 수도 없는 원리이므로 복사
되거나 변조될 수 없습니다.

디지털 통화인 비트코인은 디지털 데이터에 지나지 않으므로
간단히 복사될 수 있으리라 걱정하는 사람도 있을 겁니다. 인터넷
이 널리 퍼지자 원칙적으로 정보는 무료이며 누구든지 복사할 수
있다는 풍조가 만연했습니다. 기계로 1장씩 복사하거나 직접 손으
로 베끼는 등 번거롭던 일이 복사와 붙여넣기 한 번이면 비용 한
푼 들이지 않고 내 것으로 만들 수 있다니 정말 혁명적인 변화입니
다. 그러나 누구든 간단히 복사할 수 있다는 건 금융 시스템 측면
에서는 부정적입니다. 돈을 복사하거나 금액을 마음대로 위조할

수 있다면 그 통화에 대한 신용이 사라지기 때문입니다.

P2P 네트워크로 분산 처리

그러나 비트코인은 모든 거래를 공개하기 때문에 'A에서 B로 ○ BTC 이동했다'라는 기록을 실시간으로 전 세계 누구든 볼 수 있습니다. 누구나 볼 수 있다는 것은 비트코인을 부정으로 조작하거나 위조, 복사한다면 금세 들킬 수 있다는 뜻입니다.

앞서 비트코인은 민주적인 돈이라고 설명했는데, 참여자가 거래를 승인하지 않는 한 실행되지 않는다는 게 부정을 방지하는 한가지 방법입니다. 비트코인은 어딘가의 기업 서버로 일괄 관리되는 중앙 집권적인 '클라이언트-서버 방식'이 아니라 각 이용자가 직접 데이터를 주고받는 P2P 방식의 네트워크입니다.

네트워크 중심에 있는 서버에 데이터베이스를 두고 모든 사람이 접속해서 이용하는 게 아닙니다. 인터넷에 접속된 컴퓨터를 통해서 데이터를 주고받는 P2P는 파일 공유 소프트웨어인 냅스터나 소리바다, 무료 통화 앱인 스카이프, 메시지 앱인 카카오톡, 라인 등에서 자주 접하는 기술입니다.

비트코인은 'A에서 B로 ○BTC 이동했다', 'C에서 D로 △BTC 이동했다' 등 과거 모든 거래 기록을 한곳에 모아 보관하지 않고,

전 세계에 널리 퍼진 불특정한 여러 대의 컴퓨터에 같은 거래 기록을 저장하므로 누군가가 마음대로 위조하거나 변조할 수 없도록 서로 확인할 수 있어서 안전합니다.

복사할 수도, 변조할 수도 없는 블록체인

이뿐만 아니라 비트코인은 블록체인이라는 기술로 애당초 복사할 수 없는 구조로 이루어졌습니다. 이것이 부정을 방지하는 또하나의 방법입니다. 블록체인이란 과거 모든 거래를 기록한 한 줄의 사슬(체인)을 일컫습니다. 이 체인을 거슬러 올라가면 최초의 비트코인 거래부터 지금에 이르기까지 모든 거래를 확인할 수 있습니다. 최신 기록은 10분마다 1개의 블록에 업데이트되어 블록체인 끝에 추가됩니다. 이때 각각의 거래가 올바른지를 확인하는 구조입니다.

블록체인에는 단 한 줄의 사슬이, 한 방향으로만 움직인다(불가역적이다)는 2가지 특징을 가지고 있으며 이것이 복사나 이중 거래 등의 부정을 방지하는 중요한 역할을 합니다. 모든 비트코인 거래는 한 줄의 사슬에 기록되며 특정한 곳의 서버에 보관되는 게 아니라 P2P 네트워크로 연결된 모든 컴퓨터에 똑같은 사슬로 저장됩니다.

누군가 마음대로 복사하거나 위조해도 그 사람의 사슬만 변경

되므로 다른 사람의 사슬과는 다른 게 됩니다. 그러므로 진위를 바로 확인할 수 있는 건 물론, 애당초 이런 사기 행위는 누구도 승인하지 않습니다. 비트코인은 '민주적인 통화'로, 서로 승인해야 비로소 거래가 이루어지므로 마음대로 바꾸거나 부정을 일으킬 여지가 거의 없습니다.

또한 해시값을 이용한 블록체인은 한 방향으로만 움직이므로 과거로 거슬러 올라가 위조하기는 원리상 불가능합니다. 처음으로 되돌아가 수정하더라도 이후에 기록한 모든 블록을 함께 바꾸어야 하는데, 이는 사실상 불가능합니다.

블록체인 기본형

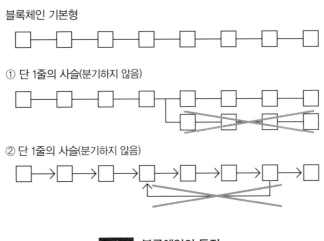

① 단 1줄의 사슬(분기하지 않음)

② 단 1줄의 사슬(분기하지 않음)

그림 10 블록체인의 특징

집중 관리의 함정

은행 시스템처럼 닫힌 시스템이라면 바깥에 있는 사람은 접근하기 어려워 누군가가 마음대로 숫자를 바꿀 위험은 적지만 중앙 서버로 집중해 처리하므로 그 한 곳만 수정하면 거래가 성립된다는 문제가 있습니다. 그러다 보니 은행 내부 범죄를 발견하는 데 시간이 걸리곤 합니다.

이런 점에서 비트코인은 수많은 컴퓨터로 분산 처리되므로 그중 한 곳이 공격받아 기록이 달라지면 거래는 인정되지 않습니다. 그만큼 부정이 끼어들 여지가 줄어듭니다. 지폐 위조를 방지하기 위해 사용하는 다양한 최첨단 기술처럼 블록체인이란 기술로 비트코인의 복사나 변조를 방지합니다.

2. 송금 중 누군가가 가로챌 염려는?

──────── 비트코인을 송금할 때는 거래 데이터를 인터넷으로 주고받게 되는데, 도중에 누군가가 가로채지 못하도록 '공개 키 암호'와 '전자 서명'이라는 기술로 이를 보호합니다. '비밀 키'를 누군가가 훔치지 않는 한 여러분의 비트코인은 안전합니다.

비트코인 그 자체를 복사하거나 변조하기는 사실상 불가능하다고 앞서 설명했는데, 비트코인을 보낼 때 도중에 누군가가 가로챌 염려는 없을까요? 비트코인 송금은 인터넷을 통해 이루어집니다. 보안 기술이 발전하면서 온라인 쇼핑몰에서도 신용카드를 사용하는 일이 흔해졌지만, 인터넷에서 카드 정보를 주고받는 일을 여전히 불안해하는 사람도 많습니다. 그렇다면 은행 간 네트워크처럼 폐쇄 회선이 아닌 개방된 인터넷을 거쳐 비트코인을 보내더라도 괜찮을까요?

받는 쪽이 2개의 키를 준비하는 '공개 키 암호' 방식

A가 B에게 비트코인을 송금할 때는 인터넷으로 거래 데이터를 주고받는데, 도중에 누군가가 가로채지 못하도록 '공개 키 암호'와 '전자 서명'이라는 기술을 사용합니다. 공개 키 암호란 어떤 데이터를 암호화할 때와 복호화(원래 데이터로 되돌림)할 때 서로 다른 키를 이용하여 제삼자가 이 암호를 풀 수 없도록 하는 기술입니다. 데이터를 보내는 사람이 아니라 데이터를 받는 사람이 2개의 키를 준비한다는 게 핵심입니다.

즉, 이전의 암호는 암호화와 복호화에 같은 키를 사용하므로 데이터를 보내는 사람과 받는 사람이 같은 키를 이용해 암호화하고 이를 풀었습니다. 그렇다 보니 키 자체만 훔치면 제삼자가 이 암호를 볼 수 있다는 위험이 있었습니다.

고전 영화에서는 비밀 정보를 보내는 쪽(본부)과 받는 쪽(스파이)이 같은 책, 예를 들어 성경을 이용하여 암호에 따라 '○쪽 ○번째 줄 ○번째' 글자나 단어를 특정하고 이를 연결하여 진짜 명령을 해독하는 형태의 암호가 자주 등장하는데, 이때 성경이 (암호화와 복호화에 사용한) 키에 해당합니다.

'키'가 없는 사람에게 암호문은 아무런 의미가 없는 문자열에 지나지 않으나 '키'가 있는 사람에게는 의미 있는 문장으로 해석될 수 있습니다. 그런데 상대가 성경의 존재를 눈치채는 순간, 스파이에게 보낸 비밀 정보도 밝혀집니다. 설상가상으로 상대가 암호를 해독했는지 알 방법조차 없습니다.

공개 키 암호 방식에서는 먼저 데이터를 받을 사람이 '암호화에 사용할 키'와 '복호화에 사용할 키'를 준비하고, '암호화에 사용할 키'만 공개합니다(누구든지 볼 수 있어서 '공개 키'라고 합니다).

데이터를 보낼 사람은 이 '공개 키'로 데이터를 암호화해 보냅니다. 데이터를 받은 사람은 암호문을 받고 자신에게 있는 '복호화에 사용할 키'로 암호를 풉니다(데이터를 받은 사람만 볼 수 있어서 '비밀 키'라고 합니다).

이런 방식이라면 누구든 마음만 먹으면 '암호화한 데이터'를 가로챌 수 있으나 복호화에 필요한 '비밀 키'는 데이터를 받은 사람에게만 있어서 제삼자는 암호를 해독할 수 없습니다. 이런 과정으로 통신 비밀을 유지합니다.

보내는 쪽이 2개의 키를 준비하는 '전자 서명' 방식

이와 달리 전자 서명은 공개 키 암호와 정반대입니다. 즉, 데이터를 보내는 사람이 '암호화에 사용할 비밀 키'와 '복호화에 사용할 공개 키'를 준비하고 '비밀 키'로 암호화한 다음에 '암호화한 데이터'와 '공개 키'를 데이터를 받을 사람에게 보냅니다.

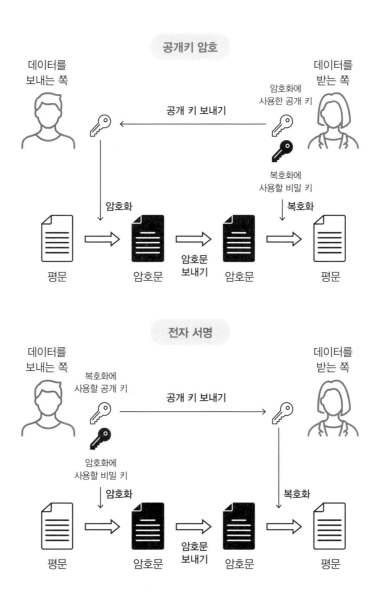

그림 11 공개 키 암호와 전자 서명

암호화한 데이터와 복호화에 사용할 공개 키를 동시에 보내므로 마음만 먹으면 누구든지 복호화할 수 있습니다. 즉, 누구나 그 내용을 볼 수 있습니다.

그러나 그 덕분에 확인할 수 있는 점이 하나 있습니다. 이 데이터를 보낸 사람은 키를 만든 본인임이 틀림없다는 사실입니다. 비밀 키는 데이터를 보낸 쪽만 알 수 있으므로 함께 생성한 공개 키로 복호화할 수 있다면, 이 데이터를 보낸 사람은 이 암호 데이터를 만든 본인임이 틀림없습니다. 그러기에 이를 '서명'이라고 부릅니다.

비트코인 거래 기록은 'A에서 B로 ○BTC 이동한다'라는 정보에 지나지 않습니다. 이 자체는 누가 보더라도 문제없습니다. 문제는 보내는 쪽 A나 받는 쪽 B의 이름이나 금액을 마음대로 바꿀 때인데, 이미 설명한 대로 블록체인이라는 기술을 이용하면 복사나 변조가 불가능합니다.

본래 비트코인 거래 기록을 모두 공개하지 않았다면 주고받은 기록만으로는 채굴하는 사람이 거래를 확인할 수도 없습니다. 그러므로 여기서 중요한 것은 공개 여부가 아니라 틀림없이 A가 직접 송금했다는 사실입니다.

'비밀 키'가 없다면 마음대로 보낼 수 없다

'A에서 B로 ○BTC 이동한다'라는 트랜잭션은 원래 소유자인 A의 전자 서명으로 잠근 암호화 상태입니다. 그러므로 A가 만든 공개 키로 복호화할 수 있다면 틀림없이 'A에서 B로 ○BTC 이동한다'라는 거래 내용을 확인할 수 있습니다. 거꾸로 말하면, 원래 소유자인 A의 허락 없이는 누구도 'A에서 B로 ○BTC 이동한다'라는 거래를 할 수 없습니다. 즉, 비트코인 소유자인 A의 '비밀 키'를 누군가가 훔치지 않는 한, A의 뜻에 반해 마음대로 비트코인을 보낼 수 없습니다.

그러므로 A에게 가장 중요한 것은 '비밀 키'입니다. 원리상 이 키만 제대로 감춘다면 누군가가 자기 비트코인을 훔칠 염려(모르는 사람에게 자기 비트코인을 송금할 염려)는 없습니다.

중복 결제나 부정 조작을 막는 채굴 작업(승인)

이처럼 완벽해 보이는 '비밀 키'를 이용한 보안이지만, 한 가지 큰 문제가 있습니다. 비밀 키를 아는 유일한 사람, 즉 원래 소유자인 A 본인이라면 'A에서 B로 ○BTC 이동한다'라는 거래를 마음대로 취소하고, 'A에서 C로 ○BTC 이동한다'라고 거래를 변경할 수 있기 때문입니다.

이러한 이중 결제나 부정 조작을 방지하고자 비트코인에서는 개별 거래를 제삼자가 확인하고, 틀림없이 'A가 B에게 ○BTC 보냈다'라는 것을 인정해야 비로소 거래가 성립한다는, 조금은 번거로운 구조를 채택했습니다.

현금을 직접 보낼 때와 비교하면 현금 운송 비용도 들지 않고 기계로 지폐를 셀 필요도 없습니다. 앱 조작만으로 현금을 보낼 수 있고 올바른 거래인지를 승인한다면 이것으로 끝입니다. 게다가 암호 기술로 보호되므로 현금보다 안전하다고 할 수 있습니다.

3. 어떤 지갑이
안전할까?

───────── 비트코인의 '비밀 키'를 보관하는 방법은 다음 5가지입니다.
① 거래소에 맡기는 인터넷 전자 지갑, ② 스마트폰에 저장하
는 모바일 전자 지갑, ③ 컴퓨터로 관리하는 데스크톱 전자 지
갑, ④ 인터넷으로부터 분리한 물리적 장치에 보관하는 하드
웨어 전자 지갑, ⑤ 종이에 인쇄하는 종이 지갑 등입니다.

누군가가 송금 중인 비트코인을 가로챌 염려는 없다고 했는데,
가지고 있는 비트코인을 누군가가 마음대로 가져갈 염려도 없을
까요? 비트코인을 비롯한 가상 통화 거래는 전자 지갑을 통해 이
루어집니다. 지금부터 자세히 살펴보겠지만, 전자 지갑은 몇 가지
종류로 나눌 수 있으며 각각은 안전성 면에서 차이가 있습니다. 여
기서는 각 전자 지갑의 보안에 관해 알아봅니다.

그전에 비트코인을 가진다는 것(보유한다는 것)이 무슨 뜻인지 다
시 한 번 떠올려 봅시다.

보관하는 것은 비트코인이 아니라 '비밀 키'

블록체인은 각각의 거래(트랜잭션)를 기록한 '분산형 원장'이라고 설명했습니다. 한 줄의 사슬(체인)에 연결된 블록에는 과거 모든 거래, 즉 '언제 누가 누구에게 ○BTC 보냈는가?'를 빠짐없이, 그리고 중복되지 않도록 기록했습니다.

그러므로 블록체인을 보면 지금 누가 ○BTC를 보유했는지 알 수 있습니다. 달리 말하면 블록체인에 든 내용은 이것이 전부입니다. 원래 블록체인은 '누가 얼마를 가졌는지?'를 기록한 원장이므로 이 내용이 당연할 겁니다.

그러면 여러분이 사서 보유한 비트코인은 도대체 어디에 있는 걸까요? 실은 비트코인 그 자체는 하나하나 독립한 데이터로 존재하는 게 아닙니다. 그러므로 "여기서부터 여기까지의 문자열이 내가 가진 비트코인이야"라며 꺼내 보일 수도 없고 본인이 산 비트코인만 내려받아 따로 보관할 수도 없습니다.

비트코인 보유자인 여러분에게 할당된 것은 비트코인을 누군가에게 보낼 수 있는 '비밀 키'로, 비트코인 그 자체는 아닙니다. 앞서 설명했듯이, 비트코인을 송금하려면 비밀 키가 있어야 합니다. 비밀 키를 아는 것이 자신뿐이라면 여러분의 비트코인은 안전합니다. 누구도 '마음대로 보내기, 훔치기'가 불가능하기 때문입니다. 요컨대, 자기 비트코인을 보관한다는 것은 자기 비밀 키를 보관한다는 말과 다르지 않습니다.

비트코인이 사라졌다면 누군가가
당신의 비밀 키를 안다는 뜻

'비밀 키'란 전용 컴퓨터를 이용해 무작위로 생성한 난수(0부터 9까지의 숫자가 규칙성 없이 같은 확률로 출현하는 배열)를 사람이 다루기 쉽도록 해시값으로 만든 것으로, 일반적으로 64자리(256비트)의 무작위 문자열입니다. '개인 키private key'라 부르기도 합니다.

비밀 키는 A가 누군가에게 비트코인을 보낼 때 '틀림없이 A가 보냈다'라는 것을 증명하는 전자 서명 역할을 합니다. 이 서명이 없다면 A가 가진 비트코인은 보낼 수 없습니다. 다시 말해, A 이외의 누군가가 A의 비밀 키를 안다면 A가 가진 비트코인을 다른 사람에게 마음대로 보낼 수 있다는 뜻입니다. 예를 들어, A의 비밀 키를 부정한 방법으로 입수한 B가 이 키를 사용해 자기 주소로 A의 비트코인을 보내는 식으로 A의 비트코인을 훔칠 수 있습니다.

비트코인 승인 과정(채굴)에서 A의 비밀 키로 서명했다면 이를 다른 사람이 부정하게 사용했더라도 알아챌 수 없기 때문입니다. 따라서 평상시 거래와 다름없이 승인하므로 결국 해당 거래는 성립됩니다.

그렇지만 훔친 사람이 (훔친 비트코인을) 자기 주소로 보내는 단순한 수법으로는 불법 거래임이 쉽게 밝혀지므로 얼마 지나지 않아 경찰 수사로 처벌을 받을 겁니다. 그래서 이와 상관없는 C, D, E를 중간에 넣어 송금을 반복하는 방식을 쓰려 하겠지만, 이 역시 탄로날 가능성이 큽니다. 이는 잠시 후 살펴볼 '이력 추적제traceability' 부분에서 함께 알아보겠습니다.

직접 관리하는 게 안전할까, 거래소에 맡기는 게 안전할까?

이제 '비트코인을 보관한다'라는 것은 '비밀 키를 보관한다'와 같은 뜻임을 이해했으리라고 생각합니다. 그러면 이처럼 중요한 '비밀 키'를 어디에 보관해야 안전하다고 할 수 있을까요?

타인이 알아서는 안 되는 문자열이라고 하면, 비밀번호나 PIN 번호 등이 떠오를 겁니다. 기본적인 사고방식은 마찬가지로, 다른 사람의 눈에 띄지 않도록 숨기고 자신만 볼 수 있도록 해야 합니다. 이것이 대전제입니다. 다른 사람이 비밀 키를 안다는 것은 은행 예금의 비밀번호가 유출된 것과 마찬가지입니다. 내가 가진 비트코인을 누군가가 마음대로 가져갈지도 모르기에 철저히 관리해야 합니다.

비트코인, 즉 비밀 키 관리법은 직접 할지 또는 거래소에 맡길지로 나눌 수 있습니다. '장롱 예금'처럼 직접 관리하는 편이 안전할지, '은행 예금'처럼 전문 기관에 맡겨야 안전할지는 선택의 문제입니다. 다른 사람을 무턱대고 믿지 않고, 자기 자산은 자신이 지킨다는 생각이 강한 자유의지론자라면 거래소에 맡기기보다는 직접 관리하는 쪽을 선호하는 경향이 있습니다. 이전에 무리한 채권 회수나 자산 압류 경험 등 은행에 시달린 경험이 있는 사람이나 은행 계좌가 없는 사람 중에는 은행 따위는 믿을 수 없으며 자기 돈은 자신이 관리하는 게 당연하다고 생각하는 이도 있습니다.

이처럼 독립심이 왕성한 사람에게 비트코인의 등장은 복음과도 같은 소식이었습니다. 국가도 중앙은행도 관계없는 분산형 통화이기에 비트코인은 믿을 수 있다고 생각하는 이들에게는 여러 사람의 비트코인을 거래소가 일괄 관리하는 것 자체가 모순처럼 보일 겁니다. 참고로, 비트코인이 생긴 초창기부터 투자한 사람들 중에서 이렇게 생각하는 사람이 많다고 합니다.

관리하는 장소에 따라 나뉘는 5가지 지갑

비트코인을 직접 관리할 때든 거래소에 맡길 때든 모두 온라인으로 관리하는 핫 월렛hot wallet (인터넷에 연결된 상태에서 암호 화폐를 보관하는 지갑−옮긴이 주) 방식과 오프라인으로 관리하는 콜드 월렛^{cold wallet}(인터넷과 연결되지 않는 하드웨어 기기를 활용해 코인을 보관하는 지갑−옮긴이 주) 방식 2가지로 나눌 수 있습니다.

거래소에 맡길 때는 ① 거래소가 제공하는 인터넷 전자 지갑을 사용합니다. 조작이 간단하고 초보자도 쉽게 사용할 수 있는 인터넷 전자 지갑은 이후 다시 소개하겠습니다. 직접 관리할 때는 자기 스마트폰이나 컴퓨터에 전자 지갑 전용 앱을 설치하고 전자 지갑을 이용해 거래합니다.

비밀 키 보관 장소는 ② 자기 스마트폰(모바일 전자 지갑이라 부름), ③ 자기 컴퓨터(데스크톱 전자 지갑), ④ USB 메모리처럼 물리적인 장치(하드웨어 전자 지갑), ⑤ 종이에 인쇄(종이 지갑) 등 4가지입니다. 이 중 ②와 ③이 온라인인 '핫 월렛', ④과 ⑤가 오프라인인 '콜드 월렛' 방식입니다.

핫 월렛의 최대 장점은 언제든지 간단하게 조작할 수 있다는 점입니다. 거래할 때마다 매번 64자리 비밀 키를 입력하기는 번거로우나 ID나 비밀번호 자동 입력 기능과 마찬가지로 앱이 알아서 입력한다는 점에서 편리합니다. 그러나 스마트폰이나 컴퓨터에 데이터가 있으므로 인터넷을 통해 부정하게 접근하거나 스마트폰 그 자체를 잃어버리거나 누군가 컴퓨터를 훔친다면 ID, 비밀번호, 개인 정보와 함께 중요한 비밀 키도 함께 사라질 염려가 있습니다.

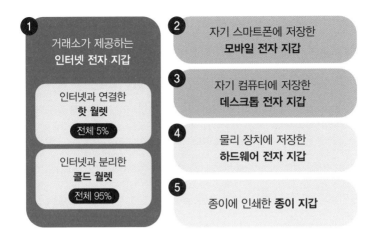

그림 12 비밀 키를 보관하는 5가지 지갑

인터넷과 분리한 콜드 월렛 방식

이에 설령 스마트폰이나 컴퓨터를 잃어버리더라도 비밀 키에는 접근하지 못하도록 인터넷과 물리적으로 분리된 콜드 월렛 방식이 더 안전하다고 합니다.

콜드 월렛 방식으로는 ④ USB 메모리 같은 물리적 장치에 비밀 키를 저장하고 스마트폰이나 컴퓨터에는 입력 기록 같은 흔적을 전혀 남기지 않는 방법(하드웨어 월렛), ⑤ 비밀 키 문자열을 종이에 인쇄하고 나서 데이터는 지우는 방법(종이 지갑)을 들 수 있습니다. 이렇게 하면 물리적 장치나 인쇄한 종이 그 자체를 잃어버리지 않는 한, 누군가가 비밀 키를 훔칠 일은 없습니다.

그 대신 거래할 때마다 물리적인 장치를 컴퓨터에 연결하거나 종이에 인쇄한 무작위 문자열을 하나하나 직접 입력해야 합니다. 만약 장기 보유를 전제로 비트코인을 산 사람이라면 그렇게 자주 돈으로 바꾸지는(비트코인을 살 사람에게 송금하지는) 않을 테니, 이런 사람에게는 물리적으로 분리된 콜드 월렛 방식이 더 매력적일 겁니다.

비교적 안전성이 높다고 알려진 콜드 월렛 방식이더라도 문제가 전혀 없는 것은 아닙니다. 하드웨어 전자 지갑은 별도의 백업을 하기에 분실하든, 누가 훔쳐 가든, 물리적인 장치가 부서지든 비밀 키를 복원할 수 있지만, 이때 필요한 '복구 키'를 잊거나 누군가 이것을 가져갈 염려가 있습니다. 그러므로 복구 키도 비밀 키와 마찬가지로 철저하게 보관해야 하는데, 이때 하드웨어 전자 지갑에 비밀 키를 저장하고 그 전자 지갑의 복구 키를 인쇄한 종이를 따로 보관하거나 별도 장치에 저장하는 등 이중, 삼중으로 번거롭습니다.

비밀 키를 잃어버린 비트코인은
이 세상에서 사라진다

종이 지갑은 비밀 키를 인쇄한 종이를 잃어버리면 그것으로 끝입니다. 극단적으로 말하면, 일반 인쇄용지이다 보니 다른 문서에 섞여 파쇄기로 들어갈지도 모릅니다. 그렇게 되면 내 돈인데도 어찌할 도리가 없습니다. 즉, 블록체인 원장에는 틀림없이 'A가 ○BTC를 가졌다'라는 기록이 있는데도 A는 이를 찾을 수도 없고 누군가에게 보낼 수도 없습니다. 'A의 것'이라는 기록만 반영구적으로 남을 뿐입니다.

A에게 소유권이 있어도 이를 움직일 수 없어서 설령 A가 사망 후 유족에게 이 재산을 상속하려 해도 방법이 없습니다. 앞으로 이를 구제할 법률 장치가 마련될지도 모르나 원리적으로는 비트코인이 존속하는 한 계속 'A의 것'으로 남습니다.

비밀 키를 잃어버릴 위험은 종이 지갑에만 있는 게 아닙니다. 실제로, 비밀 키를 관리하던 컴퓨터를 실수로 폐기한 사례가 있었습니다. 비밀 키를 알고 있던 단 한 사람인 거래소 CEO가 갑자기 사망하는 바람에 수백억 원 상당의 비트코인을 찾지 못한 사건도 있었고요.

이렇게 '이 세상에서 사라진' 비트코인은 누구도 어떻게 찾을 방도가 없습니다. 일부에서는 발행이 끝난 비트코인의 20% 정도가 사라졌다고 추정하기도 합니다.[*] 비밀 키를 직접 관리할 때는 특히 도난당하지 않고 분실하지 않도록 유의해야 합니다.

---

[*] "FBI는 어떻게 해커로부터 몸값을 되찾았는가?" https://www.businessinsider.com/fbi-used-hackers-bitcoin-password-to-recover-colonial-pipeline-ransom-2021-6

4. 거래소 코인이 도난당할 염려는?

———— 고객이 인터넷 전자 지갑에 맡긴 '비밀 키'가 도난됐을 때 곤란한 쪽은 거래소로, 대부분 콜드 월렛 방식으로 이를 보관합니다. 또한 사고를 대비해 운용 중인 거래용 코인과 같은 금액의 코인을 핫 월렛 방식으로도 보유해야 하는 의무도 있습니다.

앞서 비밀 키를 직접 관리할 때 사용하는 전자 지갑에 관해 살펴보았습니다. 그러나 비트코인 투자를 시작한 대부분의 사람들이 사용하는 지갑은 거래소가 제공하는 '인터넷 전자 지갑'입니다. 거래소는 여러분을 대신해 인터넷 전자 지갑으로 여러분이 보유한 비트코인과 비트코인의 비밀 키를 철저하게 관리합니다.

인터넷 전자 지갑이란?

인터넷 전자 지갑으로 하는 거래는 은행이 제공하는 인터넷 뱅킹으로 하는 거래와 비슷합니다. 비트코인을 송금할 때, 여러분은 보유한 전자 지갑에서 "A에게 ○BTC를 송금하라"고 지시할 뿐으로 실제 송금하는 건 거래소입니다. 비밀 키를 관리하는 거래소가 이를 이용해 지시대로 비트코인을 보냅니다.

누군가가 보낸 비트코인을 받을 때도 여러분이 일일이 스마트폰이나 컴퓨터로 내려받지 않습니다. 거래소가 입금을 확인하고 그 정보를 여러분의 전자 지갑으로 보낼 뿐입니다. 인터넷 뱅킹으로 이체하거나 잔액을 조회하는 과정과 크게 다르지 않습니다.

비트코인 보유자가 자신의 비밀 키를 모를 때의 장점은 분명합니다. 모르기에 잃을 염려도 없고 가지고 있지 않기에 도난당할까 봐 걱정할 필요도 없습니다. 인터넷 뱅킹과 마찬가지로 비트코인 보유자의 스마트폰이나 컴퓨터로 통지되는 것은 '비트코인 잔액'뿐 비밀 키는 포함되지 않으므로, 스마트폰이나 컴퓨터를 잃어버리더라도 도난의 위험은 없습니다.

인터넷 전자 지갑의 장점은 이 외에도 많습니다. 초보자도 쉽게 사용할 수 있는 앱 조작 화면도 인터넷 전자 지갑의 특징이라 할 수 있습니다. 인터넷 전자 지갑을 개설할 때 규정에 따라 본인 확인을 거치므로 로그인 ID나 비밀번호를 까먹더라도 다시 확인할 수 있습니다. 게다가 거래소에서 알아서 앱을 업데이트해 주기에 비트코인 보유자가 특별히 할 일은 없습니다. 이런 점을 보면 흔히 보는 웹 서비스와 다를 바 없습니다.

인터넷 전자 지갑의 로그인 ID와 비밀번호는 철저하게 관리할 것!

거래소가 제공하는 인터넷 전자 지갑은 편리하다는 장점이 있지만, 보안 측면에서 주의할 점이 있습니다. 전자 지갑을 로그인할 수 있는 ID와 비밀번호를 도난당하면, 이를 훔친 사람이 여러분인 척 가장해 여러분의 비트코인을 매도할 수 있다는 점입니다.

이는 모든 웹 서비스에서 발생하는 문제로, 일반 온라인 쇼핑몰의 로그인 ID와 비밀번호를 훔쳐 마치 당사자인 듯 로그인해 신용카드 정보를 빼내거나 비싼 물건을 결제하는 것과 같습니다.

따라서 다른 웹 사이트 ID나 비밀번호와 마찬가지로 인터넷 전자 지갑의 ID와 비밀번호는 철저하게 관리해야 합니다. 다른 사람이 훔치지 못하도록 다음 6가지를 꼭 지키길 바랍니다.

① 다른 사람이 유추할 수 없는 비밀번호를 사용한다. 다른 웹 사이트에서 사용하는 비밀번호를 반복해 사용하지 않는다.

② 비밀번호는 다른 사람이 볼 수 없도록 관리한다.

③ 거래소가 제공하는 2단계 인증을 설정한다.

④ 스마트폰이나 컴퓨터는 지문 인증, 얼굴 인식 등으로 잠금설정을 한다.

⑤ 스마트폰이나 컴퓨터를 분실하면, 즉시 원격 조작으로 데이터를 삭제하고 만약을 위해 비밀번호를 변경한다.

⑥ ID나 비밀번호를 빼내는 사이트(피싱 사이트)를 주의한다. 함부로 ID나 비밀번호를 입력하지 않는다.

특히 ⑥의 경우에 거래소인 것처럼 보이도록 해, 메일이나 메시지로 URL을 보내고 이를 클릭하면 가짜 사이트로 이동하여 ID나 비밀번호를 입력하도록 유도하는 피싱 사기 수법이 점점 교묘해지고 있습니다. 얼핏 봐서는 공식 사이트와 구분하기 어려울 때도 있으니 다음 대책을 꼭 지키기를 바랍니다.

· URL 문자열을 꼼꼼하게 보고, 수상한 사이트가 아닌지 확인될 때까지 링크를 클릭하지 않는다.

· 조금이라도 의심스럽다면 더 진행하지 말고 바로 브라우저를 닫고 웹 사이트에서 나온다.

· 본 적 없는 고액 청구나 소송 등을 가장한 메시지는 무시한다.

'위장 수법' 거래라면 100% 막을 수는 없다

사람인지라 아무리 주의하더라도 ID나 비밀번호를 도난당할 수 있습니다. 누군가가 여러분의 ID와 비밀번호를 이용해 여러분인 척 로그인하더라도 거래소는 그 사람이 진짜인지 아닌지 알 수 없습니다. 그렇지만 지금까지 전혀 거래가 없던 사람이 갑자기 고액의 코인을 움직이면 거래소는 경고를 울리고 일단 거래를 멈추기도 합니다. 은행 등에서는 이상 거래를 감지하는 시스템을 가동하는데 이와 같은 원리입니다.

그렇지만 시간을 들여 소액으로 나눠 훔쳐 가는 수법을 사용한다면 이를 100% 감지할 수 있으리란 보장은 없습니다. 결국, 자기 ID와 비밀번호는 자신이 책임지고 관리해야 합니다.

거래소 부정 유출 사건은 왜 일어날까?

비트코인 보유자가 ID나 비밀번호를 잘 지킨다면 거래소에 맡긴 비트코인이 도난될 위험은 없는 걸까요? 거래소에서 가상 통화가 유출된 일은 여러 차례 있었습니다.

역사상 첫 사례로 2014년 2월 당시 세계 최대 거래소 중 하나였던 일본의 마운트곡스 Mt. Gox가 파산하고 경영자가 체포된 일입니다. 알 수 없는 부정으로 85만 BTC(당시 가격으로 4조 7,000억 원 상당)가 사라진 사건이었습니다. 외부의 해킹 때문인지 내부의 부정 조작 때문인지 그 진상은 아직도 밝혀지지 않았으나 이유가 무엇이든 블록체인 기술 그 자체가 뚫린 게 아니라 어디까지나 거래소의 시스템과 운용이 그 원인이었다고 할 수 있습니다.

2018년 1월에는 코인체크(저자가 창업한 가상자산 거래소-옮긴이 주)에서 가상 통화 NEM 유출 사건이 일어났습니다. 5억 2,300만 XEM(NEM의 통화 단위)이 부정으로 유출된 사례로, 다음 날 회사는 피해를 본 모든 NEM 보유자에게 현금으로 보상하겠다고 발표했습니다.

핫 월렛 방식으로 보관한 만큼의 코인 보유 규칙

왜 이런 사건이 일어난 것일까요? 이 책의 초판에서 저는 다음과 같이 설명했습니다.

———— 거래소는 고객이 맡긴 비트코인을 한곳에 모아두는데, 누군가 이를 훔치려고 한다면 거래소로서는 사활이 걸린 문제이기에 여러 가지 보안 대책을 마련합니다.

먼저 고객이 맡긴 자산 전부를 온라인에 두지는 않습니다. 전체를 100이라고 하면 그중 몇 %만 온라인에 두고,

그 외는 물리적으로 인터넷과 분리하여 오프라인 환경에서 철저하게 보관합니다. 그렇게 하면 온라인상 외부의 공격으로 자산을 도난당하더라도 그 피해는 온라인으로 연결된 범위에 그칩니다. 이는 은행 금고에 모든 현금을 두는 게 아니라 당장 쓸 금액만 준비하는 것과 같은 이치입니다.

이 외의 비트코인은 인터넷과 완전히 분리된 USB 메모리와 같은 물리적 장치에 저장하고 여러 개의 백업 장치를 만들어 별도의 금고에 보관합니다. 고전적인 방식을 이용해 금과 마찬가지로 금고에 넣어 두면 적어도 인터넷 공격으로 피해를 볼 일은 없습니다.

보관한 비트코인 데이터를 온라인으로 보낼 때도 사내에 있는 보안이 철저한 1대의 컴퓨터로만 보냅니다. 또한 특정 한 사람의 권한으로 이를 다룬다면 순간의 충동으로 고객의 자산을 유출하는 사고가 일어나지 말란 법은 없기에 이러한 인적 오류human error를 미리 방지하고자 여러 사람이 승인해야 보낼 수 있도록 합니다.

거래소 역시 인터넷과 분리한 콜드 월렛 방식을 이용하는 게 보안 측면에서 안전합니다. 더불어 당시에도 철저히 비트코인을 관리했습니다. 그러나 안타깝게도 다루던 모든 가상 통화를 같은 구조로 관리하지는 못했습니다. 유출된 NEM의 경우 기술 장벽 탓에 핫 월렛 방식으로 관리했던 것입니다. 그러다 보니 부정 송금을 막지 못했습니다. 이 불미스러운 경험을 통해서 지금은 고객이 맡긴 모든 코인을 다음 규칙에 따라서 관리하고 있습니다.

- 전체 95% 이상을 콜드 월렛 방식으로 관리할 것
- 일반 거래에 사용될 핫 월렛 방식의 코인은 전체 5% 이하로 관리할 것
- 핫 월렛 방식으로 보관한 금액과 같은 금액의 코인을 별도의 콜드 월렛 방식으로 보관할 것

만일 고객이 맡긴 코인이 유출되더라도 이러한 규칙에 따라 바로 보상할 수 있는 구조를 마련했습니다. 일본의 암호자산 교환 업자(거래소)는 이 규칙을 반드시 지켜야 합니다(한국에서는 가상자산이용자 보호법에 따른다-옮긴이 주).

고객이 맡긴 자산은 따로 보관

이처럼 거래소에 맡긴 가상 통화가 도난당할 위험은 그리 크지 않습니다. 그러나 거래소를 이용하는 여러분이 맡긴 것은 코인뿐

만이 아닙니다. 원이나 달러 등 현금도 맡깁니다.

가상 통화를 사고자 거래소에 현금을 입금합니다. 예를 들어, 계좌에 현금 100만 원을 입금하고 그중 50만 원으로 코인을 사고 30만 원어치 코인을 팝니다. 증권 계좌를 개설하고 현금을 입금하고 그 돈으로 주식을 사고파는 것과 마찬가지입니다.

이런 방식으로 고객이 맡긴 자산(원이나 달러)은 자체 사업 자금과는 분리되어 별도의 은행 계좌에 보관됩니다. 이를 구분하지 않고 고객의 돈에 손을 대는 행위는 불법이므로 엄밀하게 분리해야 합니다. 물론 제삼자인 회계법인이나 감사법인의 감독도 빼놓을 수 없습니다. 이러한 장치와 규칙에 따라 기존 금융 기관과 마찬가지로 여러분이 맡긴 비트코인과 현금은 철저하게 보호됩니다.

5. 돈세탁에 이용될 염려는?

익명성이 특징인 비트코인이 돈세탁money laundering에 이용될 위험이 있다는 판단 아래 각 나라는 관련 법률을 정비하는 중입니다. 그러나 애당초 블록체인에는 모든 거래 기록이 남으므로 불법으로 이를 손에 넣어 완전 범죄를 하기란 매우 어렵습니다.

지금 일본 거래소에서는 계좌를 개설하려면 본인 확인이 필수여서 익명성이 상당 부분 약해졌습니다. 그러나 본래 비트코인은 동료끼리 주고받던 놀이에서 시작한 것으로 정체를 숨긴 채 거래할 수도 있었습니다. 그러므로 옳지 않은 방법으로 얻은 수입의 원천을 은폐하는 돈세탁에 이용하는 게 아닌지 끊임없이 거론되고 있어서, 각 나라는 법과 제도를 정비하고 있습니다.

자금 세탁 수법

비트코인을 이용한 돈세탁은 실제로는 어떻게 이루어질까요?

2017년 1월, 일본에서는 처음으로 비트코인을 이용한 돈세탁 혐의로 일본인 2명을 추가 송치하는 사건이 일어났습니다. 다른 사람 명의의 신용카드로 구매한 비트코인을 엔화로 바꾸려 한다는 의심이 있었기 때문입니다.

관련 수법을 더 밝히면 범죄에 이용될 염려가 있으므로 자세한 설명은 하지 않겠습니다. 그런데 이러한 사례가 발생한 만큼 등록 단계에서 회원들에게 범죄 경력이 없는지 등 엄밀한 심사가 필요합니다. 그래서 일본에서는 2017년 봄부터 비트코인 사업자도 금융 기관에 못지않은 본인 확인을 거치도록 법률로 정해 이를 의무화했습니다.

철저한 이력 추적제

마약이나 무기, 훔친 귀금속이나 미술품 등은 암시장에서 불법 거래되므로 값비싸지만, 돈으로 바꾸기는 어려운 면이 있습니다. 이와 달리 비트코인을 비롯한 가상 통화는 디지털로 순식간에 움직이므로 돈으로 바꾸기도 간단하고 송금도 번거롭지 않습니다.

그러다 보니 가상 통화는 돈세탁의 수단으로 주로 거론되는데, 과연 정말로 그럴까요? 여기서 다시 상기할 사실은 블록체인에는 모든 거래 기록이 남는다는 점입니다. 기록만 있다면 시간을 거슬러 올라 거래 내용을 확인할 수 있습니다. 즉, 블록체인은 이력 추적이 철저해 돈의 이동 흔적을 얼마든지 조사할 수 있습니다. 그러므로 실제로는 부정한 돈을 감추는 데 적절한 수단이 아니라고 할 수 있습니다.

예를 들어, 마약 거래와 관련돼 보이는 계좌를 발견했다면 세관 등이 거래소에 조회를 요청하는데, 이때 거래에 연관된 모든 사람의 이름을 제공해야 하는 제도가 마련되었습니다. 돌파구만 발견하면 고구마 줄기를 캐듯 관련된 사람을 모두 적발할 가능성이 큰 까닭입니다.

과거에 일어난 가상 통화 유출 사건에서도 FBI나 인터폴 등의 수사 기관이 부정 접속의 발신지 IP 주소(인터넷 통신에서 상대를 구별하는 '주소'와 같은 것)를 추적하고 범인이 무언가 실수하기를 기다린 결과, 몇 년 후 모두가 사건을 잊을 무렵 범인이 보인 약간의 틈(환금 시점 등)을 파고들어 결국 범인을 잡았던, 오랜 기간에 걸친 끈질긴 수사가 있었습니다.

2021년에는 미국 최대 송유관 회사인 콜로니얼 Colonial이 해커 집단 다크사이드 DarkSide가 저지른 랜섬웨어 공격으로 업무가 마비될 지경에 이르자 거액의 몸값을 내는 사건이 일어났는데, 해커에게 전달한 몸값 75BTC(약 430만 달러) 중 63.7BTC의 비밀 키를 FBI 가 되찾은 영화 같은 일도 있습니다.*

가상 통화는 익명성이 강하므로 돈세탁하기 쉽다는 소문을 믿는 사람이 있으나 실제로는 그렇지도 않다는 사실을 명심했으면 합니다.

국제 송금을 둘러싼 감시망

비트코인뿐만 아니라 국경을 넘나드는 국제 송금에는 모든 나라가 감시의 눈을 번뜩입니다. 기업이나 개인이 조세 회피를 목적으로 조세 회피처를 이용하거나 국내에서 번 돈을 외국으로 무단이전하는 것을 눈 뜨고 지켜볼 수는 없기 때문입니다. 게다가 이러한 자금이 테러나 범죄에 사용되지 않도록 하기 위해서도 국제 감시망을 강화해야 합니다.

경제협력개발기구 OECD에 사무국을 둔 국제자금세탁방지기구 FATF는 돈세탁이나 테러 자금 공급에 대한 대책 권고를 내어 가맹국에 대책 강화를 요청합니다. 이러한 권고를 바탕으로 일본에서

---

* "FBI는 어떻게 해커로부터 몸값을 되찾았는가?", https://www.businessinsider.com/fbi-used-hackers-bitcoin-password-to-recover-colonial-pipeline-ransom-2021-6

도 법률을 정비한 결과, 저와 같은 암호자산 교환 업자(거래소)는 새 계좌를 개설할 때 금융 기관 못지않은 본인 확인 과정을 반드시 거쳐야 합니다.

6. 세계 여러 나라의 규제 상황은?

———— 일본의 거래소는 등록제로, 고객 보호 관점에서 맡긴 자산과 운영 자금을 분리하고 핫 월렛 방식의 상한도 정합니다. 미국에서는 암호자산이 유가증권인지 상품인지로 의견이 갈렸고, 중국에서는 금지되었으며 엘살바도르에서는 비트코인이 법정 통화의 지위를 얻었습니다.

규칙이 바뀌면 사업 환경도 달라지고 시장도 변합니다. 일반 이용자도 사용할 수 있는 서비스가 많아지고 할 수 있는 일이 늘기도 합니다. 여기서는 암호자산에 관한 각국의 규제 상황을 알아봅니다.

한발 앞서 제도를 정비한 일본

가상 통화와 관련한 법을 정비하는 데 있어 2021년 11월까지는 일본이 세계를 이끌었다고 해도 과언이 아닙니다. 먼저, 2017년 시행한 개정 자금 결제법은 일본이 국가 차원에서 '가상 통화란 무엇인가?'를 정의한 획기적인 법률로, 가상 통화를 이 정도로 깊게 다룬 법률을 만든 예는 그때까지 없었습니다.

2017년 개정에서는 가상 통화를 다루는 사업자에게 주요 3가지 의무를 규정했습니다. 첫 번째는 가상 통화 교환 업자(거래소) 운영을 등록제로 한 것입니다. 두 번째는 돈세탁을 방지하고자 은행과 같은 수준으로 가상 통화를 거래하는 사람이 본인인지를 확인하도록 했습니다. 세 번째는 사업자가 파산했을 때 이용자를 보호하고자 고객이 맡긴 자산과 사업 운영 자금을 따로 관리하도록 했습니다.

이와 함께 2019년에도 자금 결제법이나 금융상품거래법 등 관련 법령을 개정해 고객이 맡긴 코인의 95% 이상은 콜드 월렛 방식으로 관리하고, 핫 월렛 방식으로 관리하는 금액과 같은 코인을 자사가 보유하도록 규정했으며, 그때까지 제한이 없었던 증거금 거래(FX처럼 적은 자본으로 몇 배의 금액을 매매할 수 있는 구조)를 금융상품거래법 규제 대상으로 정해 레버리지 배율 상한을 2배로 하도록 규제했습니다. 법령상 호칭이 '가상 통화'가 아니라 '암호자산'으로 바뀐 것도 이 무렵의 일입니다(일본 법령에 따른 것-옮긴이 주).

일본의 암호자산 교환 업자(거래소)라면 이 규제들을 지켜야 합니다. 이를 통해 여러분의 자산이 보호됩니다.

미국: 암호자산은 유가증권인가, 상품인가?

미국에서는 암호자산이 주식 등과 같은 유가증권에 해당하는지를 두고 오랫동안 논의했습니다. 암호자산을 유가증권이라고 본다면 이를 다루는 거래소는 증권 회사와 마찬가지의 지위에 놓이므로 미국 증권거래위원회^{SEC}에 등록되어야 합니다. 일본의 거래소는 이미 등록제로 운영되고 있으나 미국 거래소에는 이러한 규제가 없습니다(한국은 가상자산사업자 신고제에 따른다-옮긴이 주).

이 책의 초판을 집필한 당시(2021년 11월) 미국 증권거래위원회는 비트코인과 이더리움(통화 단위는 ETH)은 유가증권이 아니라고 분명히 밝혔습니다.[*] 유가증권이 아니라면 잡소득으로 분류되어 세금이 늘어나지만, 거래소나 발행 단체 모두 증권거래위원회의 감독을 받지 않고 자유롭게 운영할 수 있습니다.

이와 달리 그 외의 암호자산은 증권일 가능성이 크므로 SEC에 등록해야 한다는 것이 미국 증권거래위원회의 주장이었습니다.^{**} 특히 리플 발행사가 독점적으로 발행하는 리플(통화 단위는 XRP)은 증

* "미국 증권거래위원회 위원장, 암호자산 거래소도 SEC에 등록해야 한다고 주장", https://hedge.guide/news/sec-policy-about-crypto-bc202109.html
** "미국 증권거래위원회 위원장, 암호자산 거래소도 SEC에 등록해야 한다고 주장", https://hedge.guide/news/sec-policy-about-crypto-bc202109.html

권 판매와 마찬가지이므로 미등록 업자의 위법 판매로 규정하고, 2020년 소송을 제기해 논쟁이 되기도 했습니다.*

게다가 앞서 소개한 ICO(코인 신규 발행을 통한 자금 조달)도 투자자 보호 관점에서 증권거래위원회 위원장이 거듭해 "ICO는 증권이다"라고 이야기했는데** 이렇게 되면 증권거래위원회에 등록된 증권 회사 외에는 마음대로 비트코인을 발행할 수 없게 됩니다.

재미있는 사실은 증권거래위원회의 이런 움직임과는 별도로 미국 상품선물거래위원회CFTC는 비트코인을 '상품'으로 규정하고 이른바 '비트코인 선물'(특정 가상화폐를 미래의 특정 날짜에 일정 가격으로 구매 또는 판매-옮긴이 주)하는 시카고 상업거래소CME와 시카고 옵션거래소CBOE 상장을 인정했다는 점입니다. 선물 거래업자는 CFTC에 등록해야 하므로 암호자산 감독 기관이 SEC인지(유가증권이라면), CFTC(상품이라면)인지 줄다리기하고 있습니다.***

이러한 움직임을 보면 먼저 민간이 자유롭게 경쟁하도록 하고

* "리플사를 미국 증권거래위원회가 제소, '암호자산의 증권 성격'을 블록체인에 부여한 영향은?", https://internet.watch.impress.co.jp/docs/column/blockchaincourse/1298009.html
** "ICO는 증권' SEC 위원장, 전임자의 견해를 따름 – 비트코인 선물 ETF의 가능성도 언급", https://www.coindesk.com/markets/2021/08/03/sec-chairman-gensler-agrees-with-predecessor-every-ico-is-a-security/
*** "미국 CFTC 위원, SEC는 가상 통화 등 상품에 대한 권한은 없다", https://coinpost.jp/?p=266751

문제가 발생한 시점에 규제를 만드는 미국의 '사후 승인형' 모습을 볼 수 있는데, 먼저 규제를 만든 후 이를 따르는 형태로 산업을 형성하는 '사전 승인형' 일본과는 정책 결정 면에서 차이를 보입니다. 참고로, 일본에서는 '암호자산은 증권이 아니'라고 봅니다(한국은 관련해 아직 판결이 없다−옮긴이 주).

또한 미국 재무부는 1만 달러 이상의 암호자산을 송금할 때는 빠짐없이 미국 국세청 IRS에 통보해야 한다고 발표했습니다.[*] 이는 돈세탁 방지 대책입니다.

중국: 암호자산 거래 자체가 위법

처음에는 비트코인 거래량에서도 채굴업자 수에서도 거대한 세력을 자랑하던 중국이었지만, 서서히 암호자산에 대한 규제가 심해진 결과 2021년 9월에 이르러 중국 인민은행이 자국 내 암호자산 관련 사업의 전면 금지를 발표하게 됩니다.[**]

[*] "미국 정부, 1만 달러 이상 가상 통화 송금에 통보 의무", 〈니혼게이자이 신문〉, https://www.nikkei.com/article/DGXZQOGN 20FFY0Q1A520C2000000
[**] "중국, 암호자산 전면 금지 '관련 사이트와 앱은 즉시 셧다운", https://www.itmedia.co.jp/news/articles/2109/25/news031. html

중국은 블록체인 기술을 이용한 '디지털 위안화' 개발을 강력히 추진하는 한편, 관리 밖에 있던 비트코인에 대해서는 완강한 태도를 보였으나, 결국 전면 금지 = 전면 철퇴에 이릅니다. 이후 암호자산 시장에 대한 중국의 영향력은 더욱 줄어들 것으로 보입니다.

엘살바도르: 비트코인을 법정 통화로

암호자산 업계에서 가장 주목하는 것은 중앙아메리카의 작은 나라, 엘살바도르의 동향입니다. 석유, 석탄 등의 자원도 없고 경상북도 정도의 좁은 면적에 650만 명이 사는 엘살바도르는 경제적 면에서도 취약하여 국내총생산의 20%를 주로 미국에서 돈을 버는 노동자의 송금에 의존합니다.[*]

이전에는 자국 발행 통화인 엘살바도르 콜론이 있었지만, 거듭된 내전의 영향 등으로 가치를 유지하지 못하고 사실상 2001년부터 미국 달러가 유일한 법정 통화 역할을 하게 되었습니다.[**] 자국 통화가 폭락해 신용을 잃으면 국민은 이미 널리 유통되는 달러를

[*] "비트코인이 법정 통화로. 가격 급락, 반대 데모도", 〈아사히 신문 디지털〉, https://www.asahi.com/articles/ASPBD6VMRPB9 UHBI009.html
[**] "비트코인을 법정 통화로 정한 엘살바도르의 장래", http://www.nri.com/jp/knowledge/blog/lst/2021/fis/kiuchi/0901

선호하게 됩니다. 이렇게 통화 발행권을 잃거나 달러를 병용하는 나라는 이 외에도 몇 곳이 더 있습니다(남아메리카 에콰도르나 중앙아메리카 파나마 등).*

국가가 정식으로 인정하는지와는 별개로 자국 시장에서 달러가 널리 통용되는 '달러화'가 일어나면 자국 통화의 가치 하락에 따른 인플레이션의 악순환에서 벗어날 수 있으나 단점도 있습니다. 예를 들어, 원화가 하락하면(달러 상승) 외국에서 볼 때 상대적으로 상품이 저렴해지므로 수출 산업의 경쟁력이 높아지는 효과가 있는 반면, 자국에서는 경제적 효과를 누리지 못합니다. 또한 달러가 하락하든 상승하든 이를 직접 제어할 수 없으므로 경제의 목덜미를 미국이 쥐는 꼴이 됩니다.

이것이 싫었던 엘살바도르 부켈레 대통령은 2021년 9월 7일부터 비트코인을 미국 달러와 함께 법정 통화로 격상하여 세계를 놀라게 했습니다. 일상용품 구매나 식당 결제는 물론, 세금도 비트코인으로 낼 수 있으며 사업자는 대금으로 비트코인도 받아야 합니다. 특정 국가의 지배를 받지 않는 비트코인이라면 미국이 하라는 대로 하지 않아도 되리란 속셈이 부켈레 대통령에게 있었는지도 모릅니다.

비트코인을 법정 통화로 한 데에는 또 하나의 실질적인 이유도

* "자국 통화가 없는 나라", http://digioka.libnet.pref.okayama.jp/detail-jp/id/ref/M2018030317514287799

있습니다. 그때까지는 미국으로 돈을 벌러 간 사람이 국내로 돈을 보낼 때 국제 송금으로 미국 달러를 보냈는데, 그때마다 수수료가 너무 비쌌던 겁니다. 본래 엘살바도르는 은행 계좌가 없는 사람이 70%에 이르는 나라이기도 합니다.

이러한 사람이 이용하는 국제 송금 서비스와 비교하면 비트코인 송금 수수료는 저렴해서 해외에서 돈을 버는 사람과 국내에서 이를 받는 사람 모두 비트코인 전자 지갑만 있다면 이전보다 빠르면 서도 훨씬 저렴한 수수료로 안전하게 돈을 주고받을 수 있습니다.

엘살바도르에서는 정부가 제공하는 전자 지갑 '치보 Chivo'를 통해 30달러 상당의 비트코인을 국민에게 지급하는 등 이용을 장려했습니다. 그 결과, 1개월 후 국민 절반 정도가 치보를 사용하고 있다고 부켈레 대통령이 트위터를 통해 발표하기도 했습니다.

비트코인을 널리 이용하면 그만큼 수요가 늘어나 장기적으로는 비트코인 가격도 오를 것으로 기대합니다. 또한 이용자가 늘수록 사용하기에 더욱 편리한 서비스도 계속 등장할 겁니다. 그러다 보면 지금까지 '자산'으로만 이용하던 비트코인을 일상생활에서도 당연한 듯 이용할 날이 올지 모릅니다.

미국의 반응은?

실체가 없는 가상 통화를 법정 통화로 선택한 엘살바도르의 '실험'이 주목받은 이유는 중남미 카리브해에는 엘살바도르와 같은 문제를 겪는 나라가 적지 않기 때문입니다. 엘살바도르의 실험이 성공한다면 도미노처럼 더 많은 나라가 비트코인을 사용하더라도 이상하지 않을 겁니다.

그렇게 되면 미국 달러의 영향력은 상대적으로 약해집니다. 미국이 이른바 '천조국'이라 불릴 정도의 초대국인 것은 군사력이나 외교력, 경제력 때문만은 아닙니다. 달러가 기축 통화였던 것도 상당한 영향을 끼칩니다. 그 지위를 위협받는다면 미국은 어떤 태도를 보일까요? 세계의 관심이 여기에 모이는 까닭입니다.

아마도 우리는 지금, 기술의 발명과 진화에 따라 파괴적 혁신과 비연속적인 변화로 가득한 순간을 목격하는 중일 겁니다.

블록체인의
진화와 확장

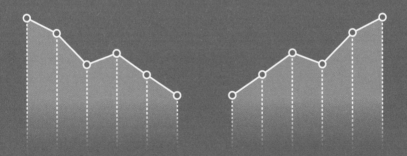

1. 비트코인이 해결해야 할 4가지 과제

─────── 부동의 인기를 자랑하는 비트코인은 우수한 설계 사상과 기술의 산물이기는 하지만, 이상에 이르기는 아직 갈 길이 멉니다. 비트코인을 둘러싼 여러 과제를 해결하고자 다양한 접근법이 등장하고 새로운 기술과 코인이 생기면서 암호자산 세계는 더욱 다채로운 색으로 물드는 중입니다.

2010년 비트코인 피자 데이에서 처음으로 '가치'가 인정된 후 조금씩 세상에 비트코인의 이름이 알려지다 2020년 말에 이르러서는 시가 총액의 상승세가 이전과는 비교할 수 없을 정도로 치솟아 2021년 11월에는 1조 2,000억 달러에 이르렀습니다(2022년 하락, 2023년 상승, 2024년 상승 중-옮긴이 주).

비트코인이 이처럼 많은 지지를 받은 것은 비트코인의 뛰어난 설계 사상과 블록체인이란 기술의 미래에 공감하고 이에 희망을 건 사람이 많았기 때문입니다. 그러나 모든 것이 순풍에 돛단 듯

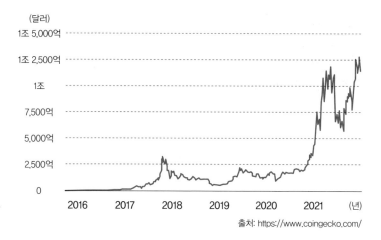

(달러)

1조 5,000억

1조 2,500억

1조

7,500억

5,000억

2,500억

0

2016　2017　2018　2019　2020　2021　(년)

그림 13 비트코인(BTC) 시가 총액 변화

순조롭지는 않았습니다. 오히려 처음의 예상을 뛰어넘어 너무 빠르게 보급되다 보니, 문제가 산더미처럼 불어났다고 표현하는 게 정확할지도 모릅니다.

비트코인의 과제 ①:
처리하는 데 시간이 오래 걸린다

비트코인 매매, 환금, 송금 등의 거래(트랜잭션)는 모두 채굴 작업으로 승인되고, 블록에 기록되어야 비로소 성립됩니다. 채굴은 10개마다 이루어지나 1개의 블록에 기록할 수 있는 거래 수가 정해

지다 보니 비트코인을 사는 사람이 많아지고 거래량이 늘수록 승인까지 오랜 시간이 걸린다는 문제가 있습니다.

한쪽에서는 이미 지급했는데 승인까지 10분은커녕 1시간 이상 걸리면 "아직 안 왔어요?", "정말로 보냈나요?", "거짓말 아니에요?" 등처럼 화를 내는 사람이 생길지도 모릅니다.

이에 승인까지 걸리는 시간을 줄이기 위해 찾은 해결책으로 ① 블록 크기 늘리기(빅블록), ② 거래 데이터 압축(세그윗), ③ 블록에 기록할 수 있는 거래 수 한정(라이트닝 네트워크, 사이드체인) 등 3가지 방법입니다. 비트코인을 더 편하게 사용할 방법은 다음 장에서 알아봅니다. 이 과정에서 새로운 종류의 비트코인이 생기기도 했습니다.

비트코인의 과제 ② : 변동 폭이 너무 크다

비트코인의 인기가 오르고 엄청난 금액의 돈이 들어온 결과, 비트코인 가격의 변동 폭이 매우 커졌습니다. 물론 계속 오르기만 한 것은 아니고 자그마한 사건에도 가격이 요동치는, 무척 불안정한 상태에 빠졌습니다.

예를 들어, 몇 시간 만에 10% 이상 가격이 오르거나 내리면 거래가 어려워집니다. 이렇게 되면 거래 승인을 요청한 시점과 거래를 승인한 시점의 가격 차가 벌어질 수 있어서 뜻하지 않게 손해를 보거나 이익을 볼 수 있습니다.

이에 변동 폭을 줄여 가격을 안정시키고자 항상 '1달러 = 1코인'으로 교환할 수 있는 스테이블 코인(달러화 등 기존 화폐에 고정 가치로 발행되는 암호화폐–옮긴이 주)이 등장합니다. 이것이 눈 깜짝할 사이에 유행해 돈벌이가 될 것으로 보이자, 페이스북(2021년에 메타로 바뀜)은 코인 발행 사업을 발표하였고, 이를 탐탁지 않게 여긴 나라(중앙은행)는 직접 디지털 통화를 발행하기로 하는 등 가상 통화를 둘러싼 패권 경쟁 소동이 일어났습니다.

비트코인의 과제 ③:
전기 소비량이 많다(비용이 많이 든다)

비트코인 채굴 경주에서 이기려면 비싼 전문 장비를 몇천, 몇만 대씩 마련하고 이를 24시간 쉬지 않고 가동해야 합니다. 이런 막대한 컴퓨팅 능력을 유지하는 데 드는 전력도 엄청나서 비트코인 네트워크 전체 전력 소비량이 연간 100테라와트를 넘는다는 추계도 있을 정도입니다.•

> •　Cambridge Bitcoin Electricity Consumption Index(CBECI), https://ccaf.io/cbeci/index

이 숫자는 전 세계 전력량의 0.5%가량으로, 많은 개발도상국이나 신흥국의 연간 소비량을 웃도는 수준입니다(2021년 6월 1일 시점). 이는 그냥 두고 볼 일이 아닙니다. 한정된 자원(발전에 쓰이는 석유, 석탄, 천연가스)을 생산성 낮은 곳에 낭비하는 것은 아닐까요? SDGs(지속 가능한 발전 목표)와 정반대의 길은 아닐까요? 기후 변화 대책 중 탄소 중립을 목표로 하는 활동에 역행하는 것은 아닐까요? 의문스러운 눈초리는 끊이질 않습니다.

비트코인 쪽에서도 이러한 비판을 가만히 듣고만 있지는 않습니다. 예를 들어, 비트코인 추진파인 잭 도시는 채굴에 사용하는 게 재생 에너지로 만든 전력이라면 탄소 중립(온난화 가스인 이산화탄소 배출을 실질적으로 0으로 만드는 것)이라 할 수 있다고 주장합니다. 그렇다고 채굴에 대량의 전력을 사용해야 하는 상황이 달라지지는 않습니다. 이것이 비트코인 거래 1건당 비용을 상대적으로 높이는 것도 사실입니다.

이에 근본적인 대책으로 작업 증명이라는 채굴의 근간과 관련된 구조를 없애고 새로운 승인 과정을 채용한 코인이 등장했습니다. 은행 사이의 네트워크 쇄신을 목표로 하는 리플이 그것입니다. 이에 따르면 리플은 저전력, 저비용을 실현할 뿐만 아니라 즉시 결제(과제 ①)와 가격 안정(과제 ②)도 실현하는, 매우 우수한 코인입니다.

비트코인의 과제 ④:
의사결정에 시간이 오래 걸린다

비트코인의 가장 눈에 띄는 특징은 특정 국가나 조직에 의존하지 않고, 중앙집권이 아닌 분산형 네트워크로 이루어진다는 점입니다. 관리 주체가 없어 개발 목표나 규칙이 하향식으로 정해지지 않으므로 참여자가 서로 대화하며 정해야 하는데, 이해관계자가 늘수록 하나의 방향으로 의견을 모으기가 어려워집니다. 다양한 사람들의 생각이 모이기 때문입니다. 비트코인의 이념과 달리 참여자의 민주적 운영이 오히려 비트코인의 발전을 방해하는 요인이 된 것입니다.

이 문제의 해결책은 간단합니다. 중심에 발행이나 운영을 관리할 기업이나 단체를 두면 그만이기 때문입니다. 즉, 분산형이 아니라 '중앙집권형' 성격을 띤다면 막힘없는 의사결정이 가능합니다. 중심에 있는 사람이 마음대로 정하면 그만이니까요.

실제로 가격 안정을 주장하는 스테이블 코인, 빅테크 기업이나 중앙은행이 발행하는 디지털 통화, 은행 시스템 뒤편에서 주고받는 리플 등은 모두 중심에 조직을 두고 개발 계획이나 가격을 통제합니다. 게다가 리플에는 그들이 인정한 사람만 고유의 승인 시스템에 참여할 수 있다는 제한이 있습니다. 비트코인이 누구나 참여할 수 있는 공개 블록체인이라면 리플은 정해진 사람만 참여할 수 있는 사적 블록체인private blockchain이란 차이점이 있습니다.

'알트코인 = 비트코인의 변종'이라는 생각

가장 먼저 생긴 비트코인에 다양한 사람이 참여하고 새로운 문제에 부닥칠 때마다 이를 해결할 기술이나 새로운 코인이 등장하여 분야를 확장해 간다는 것이 가상 통화와 블록체인의 역사입니다.

비트코인 이외의 가상 통화를 모두 '알트코인alternative coin' 혹은 대체 코인이라 부르는데, 2021년 11월 기준으로 1만 4천 종 이상의 알트코인이 유통되었습니다. 대부분 거래 실적이 거의 없는 거품 코인이지만, 일본의 거래소에서 다룰 수 있도록 인정된 '암호자산'만 하더라도 38종이 됩니다(2021년 11월 1일 기준).

알트코인은 이름에서도 드러나듯이 시조 격인 비트코인의 과제를 다양한 방법으로 해결하고 이를 발전한 변종이라 볼 수 있습니다. 〈그림 14〉는 이러한 관계를 정리한 것입니다. 이번 장에서는 이 그림 순서에 따라 설명하고자 합니다.

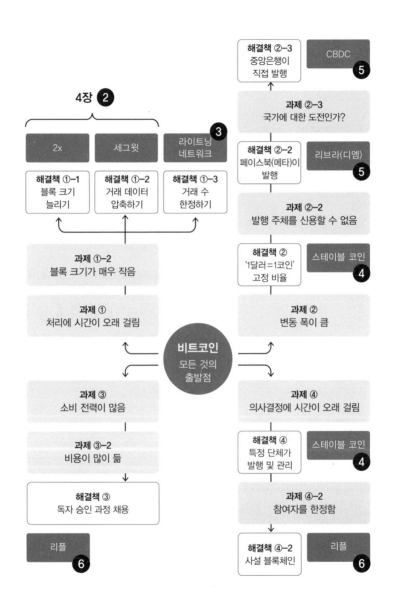

해결책 ②-3
중앙은행이
직접 발행

CBDC **5**

과제 ②-3
국가에 대한 도전인가?

4장 2

2x

세그윗

라이트닝
네트워크 **3**

해결책 ②-2
페이스북(메타)이
발행

리브라(디엠) **5**

해결책 ①-1
블록 크기
늘리기

해결책 ①-2
거래 데이터
압축하기

해결책 ①-3
거래 수
한정하기

과제 ②-2
발행 주체를 신용할 수 없음

과제 ①-2
블록 크기가 매우 작음

해결책 ②
'1달러=1코인'
고정 비율

스테이블 코인 **4**

과제 ①
처리에 시간이 오래 걸림

비트코인
모든 것의
출발점

과제 ②
변동 폭이 큼

과제 ③
소비 전력이 많음

과제 ④
의사결정에 시간이 오래 걸림

과제 ③-2
비용이 많이 듦

해결책 ④
특정 단체가
발행 및 관리

스테이블 코인 **4**

해결책 ③
독자 승인 과정 채용

과제 ④-2
참여자를 한정함

리플 **6**

해결책 ④-2
사설 블록체인

리플 **6**

그림 14 블록체인의 진화와 확장

2. 확장성 문제의 해결책 1: 세그윗과 비트코인 분열 소동

─────── 블록 크기가 너무 작아 처리 속도가 오르지 않는 확장성 문제
를 피할 방법으로 ① 블록을 크게 만들기, ② 거래 데이터 압축
하기(세그윗 유효화), ③ 하드포크로 별도의 코인 발행하기 등 3
가지를 제시합니다.

비트코인을 떠받치는 블록체인은 채굴로 승인한 블록을 순서
에 따라 사슬 모양으로 연결하는 기술입니다. 각 블록의 용량에는
제한이 있는데, 최대 1MB(메가바이트)입니다. 상한이 정해졌으므로
하나의 블록에 기록할 수 있는 거래(트랜잭션)의 수도 이에 따라 제
한됩니다.

이것이 보급되는 비트코인의 발목을 잡곤 합니다. 모든 거래는
채굴로 승인될 때까지 완결되지 않으므로 비트코인의 인기가 높
아져 거래량이 늘면, 개별 거래가 승인될 때까지 순서를 기다리는

줄이 길어지고 그러다 보면 처리에 시간이 걸리게 됩니다.

확장성 문제를 해결하려면?

블록 크기가 작아서 처리가 늦어지는 것을 '확장성 scalability 문제'라 부르는데, 이것이 비트코인의 병목이라 할 수 있습니다. 한참 전에 코인을 보냈는데 상대가 아직 받지 못했다면 어떻게 될까요? 이렇게 시간이 지연될수록 난처한 사람이 생깁니다. 채굴 경주가 진행되는 10분 정도라면 참을 수 있겠지만, 몇 시간이 지나도 도착하지 않는다면 사용하기에 매우 불편할 겁니다.

이 문제를 피할 기본적인 방법은 2가지입니다. 첫째, 블록 크기가 너무 작다는 게 문제이므로 블록 용량을 늘리면 됩니다. 둘째, 블록 용량은 그대로 두되 기록하는 거래 데이터(트랜잭션)의 크기를 작게 합니다. 이렇게 하면 블록 1개에 기록할 수 있는 거래 수가 늘어나 처리 능력이 떨어지는 현상을 방지할 수 있습니다. 2017년에는 이 2가지 방법 중 어느 것을 선택해야 하는지로 업계가 나뉘어 격렬한 논쟁을 벌이기도 했습니다.

블록 크기를 2배로 할 것인가, 거래 데이터를 압축할 것인가?

1MB인 블록을 2배, 4배 등으로 키우자고 주장한 쪽은 당시 중국에 많던 채굴업자를 중심으로 한 세력이었습니다. 블록 크기가 2배, 4배 늘어나면 하나의 블록에 저장할 수 있는 거래 기록 수도 2배, 4배 늘어나므로 줄을 서 승인을 기다려야 하는 가능성이 낮아집니다. 그러나 컴퓨팅 능력은 더욱 필요한데, 그렇지 않아도 중국에 몰린 채굴업자가 더욱 그곳으로 몰릴 수 있다는 염려가 있었습니다.

이와 달리 하나의 블록에 기록할 수 있는 데이터양을 압축하자고 주장한 쪽은 비트코인 초기부터 개발에 참여한 핵심 개발자 세력이었습니다. 블록에 저장된 개별 거래 기록 중 전자 서명을 따로 떼어내자는 것으로, 이 방법을 '세그윗 segwit'이라 부릅니다.

세그윗을 유효로 하면 거래 데이터를 압축하므로 종래 1MB 블록에 약 1.7MB가량의 거래 기록을 저장할 수 있습니다. 즉, 그릇의 크기를 바꾸지 않고 내용물만 압축해도 블록 크기를 2배로 늘린 것과 비슷한 효과가 생깁니다. 이렇게 하려면 일정 비율 이상의 채굴업자가 찬성해야 하는데, 좀처럼 찬성표가 모이지 않다 보니, 이러지도 저러지도 못하는 상태가 이어지고 있습니다.

세그윗 유효화는 소프트포크 노선

채굴업자가 주장하듯 블록 크기를 늘리든, 핵심 개발자가 이야기하듯이 세그윗을 유효로 하든 모두 그동안의 비트코인 규칙을 바꿔야만 합니다. 그러나 비트코인뿐만 아니라 실제가 없는 가상 통화는 원래 "이런 규칙으로 운용하는 것을 ○○코인이라 부른다", "규칙을 따르지 않은 거래는 인정하지 않는다"라는 약속하에 성립되는 세계이므로 '규칙을 바꾼다'는 것은 종래의 코인과는 다른 코인을 만든다는 의미입니다.

이 '규칙 바꾸기 = 새로운 코인 만들기'라는 등식을 '포크 fork'라 부릅니다. 서양 요리에서 사용하는 앞이 여러 갈래로 나뉜 포크처럼, 다른 것이 된다는 뜻입니다. 포크 방식 자체에는 2가지가 있습니다.

첫 번째는 '소프트포크 softfork'로, 모든 사람이 함께 새로운 규칙을 채용하는 방식입니다. 소프트웨어의 버전 업과 마찬가지로, 특정일을 기준으로 모두가 기존 규칙이 아닌 새로운 규칙에 따르므로 코인 분열은 일어나지 않습니다. 자신이 가진 코인 역시 그대로 이어지지만, 모두가 새로운 규칙을 따르도록 하는 데 시간이 소요되므로 그 기간에는 거래를 정지하는 게 일반적입니다(블록체인은 분산형 네트워크이므로 모든 곳에서 규칙 변경이 마무리되어야 합니다). 앞서 살펴본 세그윗 유효화는 소프트포크 노선입니다.

신구 2가지 코인으로 분열하는 하드포크

두 번째는 '하드포크 hardfork'로, 원래 나뉘지 않던 블록체인을 억지로 2개로 나누는 방법입니다. 일정 시점에 그때까지의 블록체인을 하나 더 복사해 한쪽은 이전 규칙대로 운용하고, 다른 한쪽은 새로운 규칙을 적용해 운용합니다. 즉, 특정일을 기준으로 이전 코인과 새로운 코인 2가지가 병존하게 됩니다.

이전 코인을 보유한 사람은 어느 날 갑자기 '액면'으로는 2배의 코인을 가지게 됩니다. 그러나 실제 가치가 어떻게 될지는 모릅니다. 2가지 코인 가격의 변동은 시장에 따르기 때문입니다. 양쪽 모두 오를 수도 있고 양쪽 모두 내릴 수도 있습니다. 실제로 이전 코인은 분열 전과 마찬가지로 가격이 계속 오르나 새로운 코인은 그리 인기를 얻지 못해 전혀 변화가 없습니다.

그렇지만 포크 자체는 그리 드문 일이 아닙니다. 가상 통화를 만들긴 했으나 실제로 운용해 보니 개선할 점이 여럿 있다고 판단하고 규칙을 바꾸는 경우를 자주 봅니다. 예를 들어, 이더리움은 하드포크 방식으로 이더리움 ETH과 이더리움 클래식 ETC으로 나뉘었습니다.

이전에 블록체인 기술을 사용한 가상 통화는 많든 적든 비트코인 기술을 개량해 만든 것이므로 규칙 변경의 연장선에 있습니다. 이런 뜻에서는 비트코인의 분신이라고 할 수 있을 겁니다(단, 이전 블록체인을 복사하여 분리한 것은 아니므로 이른바 하드포크와는 다릅니다).

세그윗 유효화와 함께
블록도 2배 이상 늘리는 절충안

포크 자체는 그리 드문 일은 아닙니다. 그런데 2017년 분열 소동이 주목받은 이유는 비트코인이 세상에 널리 퍼지고 이해관계자 역시 큰 폭으로 늘었기 때문입니다. 비트코인은 관계자의 합의에 따라 규칙을 정하는 '민주적인 통화'이므로 관계자가 늘수록 그만큼 의견을 하나로 모으기가 어렵습니다.

이때 소수가 주도한 '빅블록파(블록 크기를 늘리려 함)'와 핵심 개발자 등이 주도한 '세그윗파(세그윗을 유효화하려 함)'의 노선 대립으로 우여곡절을 겪긴 했으나, 결과적으로 양쪽의 장점을 모두 취한 절충안인 세그윗2x^{segwit2x}를 관계자 다수가 받아들이면서 그 이상의 혼란을 막을 수 있었습니다.

'세그윗2x'라는 것은 명칭대로 세그윗도 유효화하지만, 블록도 2배 이상 늘린다는 뜻으로 그야말로 빅블록파와 세그윗파가 서로 타협한 결과였습니다. 그렇게 하지 않았다면 분열을 피할 수 없었을 겁니다.

소수가 하드포크를 강행,
비트코인 캐시 태어나다

이것으로 일단락되어 모두가 가슴을 쓸어내렸던 2017년 8월, 사건이 일어납니다. 중국의 유력 채굴업자였던 '비아BTC'가 하드포크를 강행해 비트코인 캐시(통화 단위는 BCH)라는 새로운 코인이 탄생했습니다. 모두 '세그윗2x'을 사용하더라도 자신은 별도의 방식으로 가겠다는 '독립 선언'과 같은 것이었습니다. 비트코인 캐시는 처음부터 1블록 상한을 8MB로 정했습니다.

국가가 규칙을 강제하지 않고 자신이 직접 결정할 수 있다는 게 비트코인의 재미난 부분으로, 분열이란 일어날 일이 일어난 것일 뿐, 이 코인을 모두가 지지하는지는 별개의 이야기입니다. 지지하지 않는다면 자연스레 소멸할 겁니다.

하드포크로 분열하면 데이터를 복사하게 되므로 애당초 '1BTC'를 가진 사람은 분열 후 비트코인 '1BTC', 비트코인 캐시 '1BCH'를 보유하게 됩니다. 갑작스레 액면이 2배로 늘어 놀라겠지만, 가치까지 2배가 되리라는 보장은 없습니다. 단순한 복사본이므로 오히려 각각의 가치가 반으로 줄더라도 이상하지 않습니다.

실제로 분열 전후를 비교하면 비트코인 가격은 단기간에 2배 이상 급상승했습니다. 하락하더라도 이상하지 않을 장면인데 오히려 반발해 크게 상승했습니다. 결과로 판단컨대, 분열하더라도 영향이 그리 크지 않으리라 예상했고, 세그윗도 유효화되어 오래된 걱정거리 하나가 사라졌으니 이를 긍정적으로 평가한 사람이 많았을 거라고 생각합니다.

이와 달리 비트코인 캐시 쪽은 그렇게 많은 지지를 받지 못했습니다. 분열 직후는 비트코인 가격의 10분의 1 정도였으나 2021년 11월과 비교하면 '1BTC = 7천만 원 전후', '1BCH = 70만 원 전후'로, 100배가량 차이가 벌어졌습니다(2023년 말 각각 약 4만 2,000달러와 약 230달러로 차이는 더 벌어졌다-옮긴이 주).

비트코인 캐시를 지지하지 않은 까닭은?

신구 코인 가격 차이가 이렇게 벌어진 이유는 무엇일까요? 첫 번째는 비트코인 캐시를 시작한 비아BTC는 물론, 주변 채굴업자도 모두 구 코인인 비트코인을 대량으로 보유했다는 겁니다. 채굴은 비트코인으로 보상하므로 비트코인 가격이 내려가면 결국 자신이 손해를 봅니다. 이를 피하려 독립을 선언하더라도 자신이 보유한 채굴 능력을 새로운 코인에 모두 쏟을 수는 없으므로 이와 함께 구 코인을 승인하는 작업도 계속 진행할 수밖에 없습니다. 즉, 새로운 코인이 잘못될 때의 위험 분산도 겸하여 돈벌이가 되는 범위에서 새로운 코인에 자원을 투입한다는 당연한 경제 원리가 작동한 것입니다.

거꾸로 말하면, BCH 가격이 오르지 않는데 계속 노력을 쏟아부을 수는 없으며, 그 결과 BCH가 널리 이용되지 못하는 악순환에 빠지기 쉽습니다. 실제로 BCH가 나왔을 때 채굴 능력이 이를 따라가지 못해 거래 승인에 반나절이나 걸리는 등 사용이 편리했다고 할 수는 없었습니다.

또 한 가지는 새로운 코인이 생겼더라도 거래소가 이를 취급하지 않으면 매매할 수 있는 장소가 한정적이라는 점입니다. 생겼을 무렵에는 새로운 코인을 다루지 못하는 거래소가 많아 거래소를 통한 거래가 제대로 이루어지지 않았습니다.

누군가가 중앙에서 관리하지 않아도 잘 돌아가는 구조

이 분열 소동으로 비트코인 캐시가 주류가 되었다면 세상은 소수의 천하가 되었을 겁니다. 자기 생각대로 규칙을 변경할 수 있었다면 자신에게 가장 이로운 방향으로 바꿀 게 분명하기 때문입니다.

그렇지만 소수인 자신들조차 비트코인을 대량으로 보유할 텐데, 그 자산 가치를 0으로 하면서까지 비트코인 캐시로 갈아탈지 묻는다면 좀처럼 답하기 어려울 겁니다. 기술 혁신의 딜레마는 아닐지라도 자신의 자산 가치를 자신이 직접 없애는 결단이라면 좀처럼 내리지 못하는 게 인간입니다. 이런 사정까지 모두 고려해 보니 비트코인의 구조가 이렇게까지 좋은 것이었나 놀라울 뿐입니다. 이미 보유한 사람에게는 규칙을 극단적으로 바꾸는 일은 위험입니다. 특정 개인이나 기업이 가로챌 수 없거나 원하는 대로 규칙을 개정하기 어렵게 설계한 이유가 여기에 있었습니다.

한편, 일단 합의한 듯 보였던 '세그윗2x'도 의견만 분분할 뿐, 실은 여전히 실현하지 못한 상태입니다. 결국 거래 데이터를 압축하는 세그윗은 구현했지만, 블록 크기를 2배, 4배씩 늘리는 하드포크는 연기된 상태입니다. 그 결과, 확장성 문제는 여전히 비트코인의 병목인 채로 남았으나 블록에 기록할 거래 수 자체를 줄이는, 전혀 새로운 해법(라이트닝 네트워크)이 등장하면서 혁신적인 방법을 모색 중입니다.

비트코인 분열에 관한 일련의 사건은 "분열하고도 양쪽 모두 가격이 오른다면 이야말로 오늘날의 연금술이다"라는 언론 보도와 함께 세상의 관심을 끌었습니다. 그러나 이 소동으로 얻은 교훈은 중앙에서 누가 관리하지 않아도 세상에 널리 퍼진 이해관계자끼리 끈기 있게 조정을 거듭한다면 때로는 혼란스러울지라도 결국 앞으로 나아간다는 것 아닐까 합니다.

실제로 비트코인은 기대 이상으로 우수한 시스템이고, 기술보다 사람과 사람을 잇는 네트워크의 힘으로 최악의 사태를 막았다

는 점에서 비트코인이나 알트코인의 미래를 생각한다면 이 사건
은 매우 의미 있었다고 생각합니다.

3. 확장성 문제의 해결책 2: 라이트닝 네트워크와 서브체인

───── 너무 느린 처리 속도 문제를 해결하는 데 세그윗 유효화만으로는 충분치 않으므로 블록체인 밖에서의 거래를 늘려 승인 과정 자체를 우회하는 '라이트닝 네트워크'나 '서브 체인' 등이 등장하게 됩니다.

지금까지 여러 번 설명했듯이 비트코인 거래는 채굴로 승인되어야 비로소 성립됩니다. 그러다 보니 비트코인의 인기가 높아지고 보급될수록 승인에 시간이 걸리며 채굴 수수료도 올라 오히려 사용이 불편해지는 구조적인 문제가 생겼습니다.

그래서 블록 크기를 크게 하거나 블록에 기록할 데이터양을 압축해 문제를 해결하고자 했으나 이해관계자가 늘어나면서 대화를 통한 민주적 해결이 어려워진 것도 사실입니다.

1초에 몇 건밖에 처리하지 못하는 시스템

비트코인은 원리상 1초당 처리할 수 있는 거래 수, 즉 스루풋 through-put 은 원래 6~7건 정도였습니다.*

가령 1초에 10건 처리할 수 있다고 해도 1분이면 600건, 채굴 경주가 이루어지는 10분으로 환산하면 6천 건입니다. 다시 말해, 블록 하나에 기록할 수 있는 거래 수는 최대 수천 건 수준입니다. 비트코인을 널리 보급해 일상생활 속 결제에서 사용하려 해도 초당 10건밖에 처리하지 못하는 취약한 시스템으로는 도저히 감당할 수 없습니다. 전 세계에서 사용하는 신용카드는 1초에 몇만 건을 처리할 수 있다고 하므로 비교 자체가 불가능합니다.

차라리 '블록에 기록할 수 있는 거래 수 자체를 줄이면 어떨까?'라는, 그때까지와는 전혀 다른 접근법이 등장합니다. 이것이 '라이트닝 네트워크'로, 양자 사이의 소액 거래라면 거래 기록을 모두 기록하지 않고 일정 기간 구간을 나누어 상쇄할 수 있는 부분은 상쇄하고 마지막 차액만 블록에 기록하면 된다는 발상입니다.

---

* "초당 3,000~4,000 거래 처리 성능을 달성한 사설 블록체인",
https://knowledge.sakura.ad.jp/7332

입구와 출구만 기록하는 '페이먼트 채널'

어떤 원리인지 자세히 살펴봅시다. A는 가게 주인이고 B는 손님이라 합시다. 그리고 두 사람은 비트코인으로 결제하고 싶습니다. 이에 두 사람은 블록체인에 '페이먼트 채널'을 열고 일정 금액의 비트코인을 각각 입금합니다. 여기서는 A가 5천 원어치, B가 2만 5천 원어치의 비트코인을 입금했다고 가정합시다(입구).

그러고 나서 B가 가게에서 물건을 살 때마다 자신이 입금한 비트코인으로 대금을 지급합니다. 예를 들어, 3천 원, 2천 원, 4천 원, 1천 원, 5천 원, 2천 원, 3천 원 등 모두 7번에 걸쳐 물건을 샀다고 합시다(합계 2만 원). 한편, 가게 주인인 A는 단골인 B에게 서비스로 캐시백 500원을 2번 지급했습니다(합계 1천 원). 이 거래는 두 사람이 확인하기만 하면 성립됩니다. 번거로운 승인 절차 없이 즉시 결제할 수 있어서 "보냈다", "아직 도착하지 않았다" 등의 차이가 발생하지 않아 두 사람 모두 안심할 수 있습니다. 그러면 일련의 거래가 끝나고 페이먼트 채널을 닫을 때 A는 2만 4천 원에 해당하는, B는 6천 원에 해당하는 비트코인을 가지게 됩니다(출구).

일반적인 비트코인 거래라면 B에서 A로 7번 지급(송금), 그리고 A에서 B로 2번 캐시백(송금) 등 모두 9번 차례의 거래를, 그때마다 블록체인에 기록해야 합니다. 그러나 페이먼트 채널을 이용하면 입구(A가 페이먼트 채널로 송금, B가 페이먼트 채널로 송금)와 출구(페이먼트 채널에서 A로 송금, 페이먼트 채널에서 B로 송금) 거래만 블록체인에 기록하면 그만입니다. 이렇게 하면 블록에 기록하는 거래 수가 줄고, 그 결과 승인에 걸리는 시간도 상당 부분 줄일 수 있습니다.

원장 밖 거래로 블록체인을 우회하는
'라이트닝 네트워크'

페이먼트 채널은 어디까지나 두 사람 간의 거래는 상쇄한다는 원리입니다. 누군가와 비트코인을 주고받을 때마다 페이먼트 채널을 열어야 한다면 상당히 번거로울 겁니다. 그렇기 때문에 이미 있던 페이먼트 채널 사이를 잇는 네트워크인 라이트닝 네트워크가 등장합니다.

앞서 든 예로 설명하면, 가게 주인인 A는 B 외에도 C, D, E 등 다른 손님과도 페이먼트 채널을 엽니다. 그러면 B와 C는 서로 모르는 사이더라도 A를 경유하면 B에서 C로 비트코인을 보낼 수 있습니다. 이 송금 역시 페이먼트 채널을 닫지 않는 한 블록체인에 기록하지 않습니다.

라이트 네트워크의 가장 큰 장점은 페이먼트 채널의 연결을 따라가면 전혀 모르는 사람과도 비트코인을 주고받을 수 있다는 데 있습니다. 이 네트워크가 넓어질수록 블록체인에 기록하지 않고

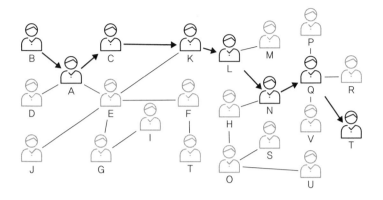

페이먼트 채널 네트워크로 연결된다면 'B → A → C → K → L → N → Q → T'라는 경로를 거쳐 B에서 T로 비트코인을 보낼 수 있음.

그림 15 **라이트닝 네트워크**

도 엄청난 양의 거래를 할 수 있습니다.

　라이트닝 네트워크에서의 거래는 블록체인 밖에서 이루어지므로 '오프 체인'이라 부릅니다. 말하자면 비트코인이라는 분산형 원장에는 기록하지 않는 '원장 밖 거래'를 대량으로 체결해 원장에 기록할 정보량 자체를 줄이면 비트코인을 사용하는 편리성을 극적으로 향상할 수 있다는 생각에서 기인합니다.

　예를 들어, 비트코인이 1초에 10건밖에 처리할 수 없다고 하더라도 기록한 1건의 거래에 수백, 수천 건의 오프 체인 거래를 집약시키면 수백 배, 수천 배의 처리 능력을 지니는 것과 마찬가지입니다.

오프 체인 거래는 상쇄하고 페이먼트 채널을 닫을 때만 기록하므로 월말 마감 시 차액만 정산하는 회사 간의 거래와 기본적으로 같습니다. 계좌 이체 과정을 생략하면 그만큼 수수료도 내려가고 서로의 번거로움도 줄이므로 일거양득입니다.

수수료가 내려가면
마이크로페이먼트가 실현된다

한 번의 거래(트랜잭션)여도 몇백만 원, 몇천만 원 상당의 고액 비트코인을 주고받을 때도 있고 몇백 원, 몇천 원 상당의 소액 비트코인을 주고받을 때도 있습니다. 이 모두를 똑같이 취급하면 거래량이 매우 늘어나는데, 이때 잔돈을 주고받는 거래는 가능한 한 정리해 하나로 처리하는 편이 효율적이라는 생각이 라이트닝 네트워크의 바탕에 있습니다.

모든 거래를 하나씩 승인한다면 엄청나게 늘어날 채굴 수수료도 하나로 모아 처리하면 무시해도 될 정도까지 내려갑니다. 그 결과 10원 단위, 10원 미만과 같은 더 작은 거래도 가능해질지 모릅니다. 라이트닝 네트워크가 마이크로페이먼트(소액 결제)로의 길을 여는 계기가 되리라고 기대하는 것은 이 때문입니다.

지금까지 수십 원부터 수백 원 단위의 소액은 송금하고 싶어도 수수료가 더 비싸 보낼 수 없었습니다. 특히 국제 송금에서 상대적으로 비싼 수수료는 돈이 자유롭게 국경을 넘나들지 못하도록 하는 장애물이기도 했습니다.

비트코인은 애당초 기존 금융 시스템에서는 실현할 수 없었던 '빠르고 싸게' (국제) 송금하는 기술로서 등장했습니다. 그런데 거래량이 너무 늘어 처리가 이를 따라가지 못한다는 또 다른 문제에 부딪힌 것입니다. 이에 오프 체인 거래를 통해 블록체인을 우회하는, 즉 채굴의 부담을 줄이는 방식으로 라이트닝 네트워크에 주목하게 되었습니다.

블록체인 층 위에 별도의 시스템 층 추가

라이트닝 네트워크는 블록체인 기술이라는 층 '위'에 만들어지므로 '레이어 2' 또는 '2차 레이어'라고도 불립니다. 가장 아래층에는 비트코인 시스템이 있고 그 위층에 라이트닝 네트워크가 있는 모습입니다. 즉, 라이트닝 네트워크는 비트코인의 기능 중 하나로 제공되는 서비스입니다. 이에 이 층을 개발하는 스타트업이 등장하기도 했습니다.

라이트닝 네트워크는 별도의 층에서 이루어지는 것으로, 비트코인 시스템 그 자체를 건드리지는 않아서 하드포크를 이용해 강제로 새로운 코인으로 바꾸지는 않습니다. 즉, 구형 시스템을 업그레이드하면 적용할 수 있는 수준입니다. 이를 통해 원래 목적이었던 '저렴하고 빠른' 송금을 실현하고자 합니다.

'큰손'인 거래소끼리 묶는 '사이드체인'

블록체인을 우회해 즉시 소액 거래를 실현하는 라이트닝 네트워크란 원리가 등장함으로써 승인에 시간이 오래 걸린다는 확장성 문제를 해결하고자 하는 움직임이 보이기 시작했습니다. 이것이 '사이드체인sidechain'입니다. 서로 믿을 수 있는 거래소끼리 묶어 이 사이에서 이루어지는 거래는 비트코인을 매번 보내는 게 아니라 보낸 것으로 간주합니다. 예를 들어, 1일 마감이라면 날짜가 바뀌는 시점에 정산하여 그 차이만 주고받는 원리입니다.

이와 비슷한 라이트닝 네트워크에서는 페이먼트 채널에 모아둔 비트코인을 주고받기 때문에, 비트코인을 보내거나 받는 행위 자체는 이루어집니다. 그러므로 앞의 예에서 손님 B가 가게 주인 A에게 대금으로 낸 비트코인은 그 순간 A의 소유가 됩니다.

A가 받은 비트코인을 돈으로 바꾼다면 당연히 그 거래(A가 환금한 비트코인을 해당 거래소로 이동)는 블록체인에 기록됩니다. 달리 말하면, A와 B가 비트코인을 그대로 보유하는 한 페이먼트 채널은 닫

지 않아도 됩니다.

이와 달리 사이드체인은 대량으로 거래가 이루어지는 거래소끼리 묶어 정해진 기간에 주고받은 것은 서로 보낸 것으로 간주해 각각을 처리하고 이후 마감 날에 정산하여 그 차이만큼 주고받습니다. 즉, 일정 기간 중 비트코인은 거래소 사이를 이동하지 않고, 각 거래소에서 처리됩니다(상대의 거래소로 송금한 이용자의 비트코인을 자사로 옮기고, 상대의 거래소에서 받아야 할 비트코인을 자사에서 이용자로 옮김).

각 거래소 안에서 처리하므로 일일이 블록체인에 기록하지 않고 그 차액만 정산해 블록체인에 기록합니다. 이렇게 하면 거래 수를 큰 폭으로 압축할 수 있을 뿐 아니라 승인받기 위해 줄을 서지 않아도 되므로 효율적으로 처리할 수 있습니다. 라이트닝 네트워크는 개인 참여 중심으로 소액 거래가 주를 이루지만, 사이드체인은 큰손 이용자끼리 이루어진다는 점이 다릅니다.

블록체인 우회는 옳은 걸까?

비트코인이 획기적이었던 건 누구든 간단하게 '빠르고 싸게' 송금할 수 있다는 점 덕분이었습니다. 그러려면 상대가 누군지 몰라도 바로 송금할 수 있을 정도로 편리해야 합니다. 상대의 신용을 꼭 조사해야 한다면 조사에 수고와 비용이 들고 '빠르고 싸게' 송금할 수 없습니다. 즉, '트러스트리스^{trustless} = 신용 안 따짐'으로 송금할 수 있다는 게 비트코인의 매력 중 하나입니다.

사이드체인은 얼핏 보면 이러한 비트코인 사상에 반하는 듯합니다. 거래 실적이 많고 서로 신용할 수 있는 상대(거래소)끼리만 연결하는 구조이기 때문입니다. 그러나 원리원칙에 따라 모든 거래를 블록에 기록하는 기본 구조를 이어가는 한 거래량이 늘수록 성능이 떨어지는 확장성 문제의 근본적인 해결은 불가능합니다.

근본 사상을 따를 것인지, 효율을 따를 것인지의 문제입니다. 앞으로도 계속 비트코인이 보급되려면 이 둘 사이의 균형을 어떻게 이룰 것인지, 많은 고민이 필요합니다.

4. 변동 폭이 너무 크다는 문제의 해결책 1: 스테이블 코인

──────── '1달러=1코인'이라는 등가 교환을 실현한 테더나 USD 코인을 비롯한 '스테이블 코인'은 법정 통화인 달러로 자산을 보유할 때와 비트코인으로 자산을 보유할 때의 단점을 해결해 양쪽의 좋은 점만 취한 코인으로 많은 주목을 받습니다.

비트코인은 원래 누구라도 편하게 '빠르고 싸게' 송금할 수 있는 원리로서 세상에 태어났습니다. 그러나 사람이 이를 받아들이고 거래량이 늘수록 승인에 시간이 걸려 성능이 떨어지는 확장성 문제를 시작으로, 기술 면에서도 이용자 경험 user experience, UX 면에서도 아직 개선할 점이 많은 기술입니다.

그런데 비트코인 자산 가치에 일찍 눈을 뜬 사람이 엄청나게 모여들면서 많은 이의 상상을 뛰어넘을 정도로 비트코인 가격이 오르게 되었습니다. 비트코인을 사 놓기만 해도 몇십 배, 몇백 배가

된다는 사실이 알려지자 거액의 돈이 흘러들어 왔습니다. 이에 따라 가격은 더욱 오르는 나선형 순환이 시작되면서 투기적인 측면이 강해졌습니다.

변동 폭이 작아 안정된 코인, '스테이블 코인'

이런 현상은 비트코인의 건전한 발전에는 부정적인 영향을 끼칠지도 모릅니다. 즉, 기술 진화 속도를 뛰어넘을 정도로 기대가 커져 사소한 사건이 터질 때마다 극단적으로 가격이 오르내리기 때문입니다. 앞에서 비트코인의 매력 중 하나는 변동성이라고 언급했는데, 변동성이 너무 크면 기관 투자가가 자금을 투자하거나 기업이 참여하기에 부담이 커집니다. 장기적으로 보면 이는 바람직하지 않습니다.

게다가 가격이 몇 시간 단위로 오르락내리락하는 상황에서는 비트코인을 보내거나 결제에 사용하기도 어려워집니다. 이쪽에서는 10만 원을 보낼 생각이었지만, 승인되는 순간 받은 것이 8만 원 가치뿐이라면 이를 거래에 사용할 수는 없기 때문입니다.

이에 '빠르고 싸게' 송금할 수 있고, 복사하거나 위조할 수 없다는 비트코인의 장점은 그대로 두고 변동 폭을 줄여 가격을 안정화한 코인이 등장하게 되는데, 이것이 바로 '스테이블 코인'이라 불리는 가상 통화입니다.

달러와 연동한 테더와 USD 코인

스테이블 코인은 국가의 신용을 바탕으로 발행하는 미국 달러와 같은 법정 통화와 '1대 1' 비율로 교환할 수 있도록 설계한 가상 통화의 총칭입니다. 원칙은 언제나 '1달러＝1코인' 비율로 교환하는 것이기에 미국 달러에 대해 가치를 고정했다고 할 수 있습니다.

현실 세계에서도 자국 발행 통화를 미국 달러와 연동하는 '달러 페그제'를 채택한 나라가 있습니다. 페그peg란 텐트를 칠 때 줄을 고정하는 못으로, 달러에 묶어 고정한다는 뜻입니다. 경제력이 약해 자국 통화의 신용이 낮더라도 전 세계에서 사용하는 '달러와 언제든 바꿀 수 있다'라고 주장해 자국의 통화를 믿도록 하려는 것입니다.

스테이블 코인 역시 더 많은 사람이 사용하도록 신뢰성이 높은 '달러와 언제든 바꿀 수 있다'고 주장하므로 달러에 고정된 코인이라고 할 수 있습니다. 덧붙여, 가치가 달러에 고정된다고 하더라도 한국 원에서 보면 가격은 항상 변합니다. 그러나 이는 원-달러 시장이 움직이기 때문으로, 그 변동 폭은 비트코인과 비교할 수 없을 정도로 작고, 허용 범위 내에서 움직입니다.

미국 달러와 연동된 스테이블 코인으로는 2015년 세상에 등장한 '테더(통화 단위는 USDT)'가 큰 인기를 끌었습니다. 2018년에도 마찬가지로 미국 달러와 연동한 'USD 코인(통화 단위는 USDC)'이 등장하여 많은 이용자의 지지를 받았습니다. 2021년에는 일본 엔과 연동된 '지엔(통화 단위는 GYEN)'도 등장했습니다.

또한 미국 달러나 일본 엔처럼 법정 통화가 아닌 금이나 원유 등의 상품 가격과 연동되거나 또 다른 가상 통화와 연동된 스테이블 코인도 있습니다. 참고로 2021년 11월 기준, 일본의 거래소에서는 아직 이들 코인을 다루지 않습니다.

누가 테더를 사는가?

그런데 항상 '1달러 = 1코인' 비율로 바꿀 수 있는, 즉 달러와 똑같은 가치뿐이라면 왜 이용자는 일부러 이 코인을 사는 걸까요? 비트코인을 사는 사람들은 '비트코인은 오를 거야', '지금 사두면 돈을 벌 거야'라는 생각에서 사지만, 테더나 USD 코인은 몇십 달러, 몇백 달러를 주고 사더라도 달러 기준으로는 가치가 늘지 않습니다. 몇십 달러, 몇백 달러어치의 USDT나 USDC를 가진 것에 불과합니다.

그럼 왜 테더나 USD 코인을 사는 걸까요? 모든 자산을 달러 형태로 보유하면 유지 비용이나 송금 비용이 상당하기 때문입니다. 은행에 맡긴 달러를 보내더라도 돈세탁 대책 등의 영향으로 여러 가지 승인을 거쳐야 하며 과정도 번잡한 데다 수수료도 비쌉니다. 그렇다고 해서 모든 돈을 비트코인으로 바꾸기에는 변동 폭이 너무 커서 무섭기도 하고 사용하기도 그리 편하지 않습니다. 이에 그 중간 존재인 스테이블 코인이 눈에 들어온 것입니다.

스테이블 코인은 달러와 연동하므로 급격한 하락 등의 걱정도 없고, 블록체인 기술을 사용해 '빠르고 싸게' 송금할 수 있어서 고액의 자금을 움직이는 데 편리합니다. 즉, 양쪽의 '장점만 취한' 코인이라고 할 수 있습니다.

게다가 비트코인을 사서 돈을 벌 때마다 매번 달러로 바꾸기도 귀찮고, 그때마다 나가는 수수료와 세금도 아깝습니다. 그러므로 일시적으로 테더로 바꾸어 두는 사람이 어느 정도 있습니다.

또한 국외 가상 통화 등에 투자할 때 달러로 직접 사려면 외국 환거래법 등의 규제가 적용될 수 있으므로 미리 테더 코인을 사두고 테더로 국외 투자를 하는 방법도 있습니다. 테더나 USD 코인이 인기 있는 이유입니다. 그리고 테더를 산 사람이 비트코인이나 그 밖의 가상 통화도 샀을 테니 테더 관련 뉴스 역시 비트코인 가격에 영향을 끼치기도 합니다.

보유 자산에 담보가 있으므로 '가치' 있다

이용자가 환금하고 싶을 때 언제든 '1달러 = 1코인' 비율로 바꿀 수 있으려면 스테이블 코인 발행 주체는 원칙적으로 발행이 끝난 코인과 같은 금액의 미국 달러를 가지고 있어야 합니다. 금본위제에서 금 보유량을 넘어서는 지폐를 발행할 수 없다는 규제와 비슷합니다.

즉, 언제든 미국 달러와 바꿀 수 있으므로 가치를 인정하는 것입니다. 이 부분이 가치의 담보가 없는 비트코인과 가장 큰 차이입니다. 또한 비트코인이 발행 주체가 없는 '비중앙집권형 = 분산형' 코인인 것과 달리 스테이블 코인은 발행 주체가 있다는 점도 큰 차이입니다.

비트코인은 비트코인과 이를 떠받치는 기술을 믿는다는 이유 하나만으로 가치가 있습니다. 그러나 이것은 사람이나 국가보다 알고리즘을 더 신뢰하는 기술자에게는 설득력 있는 이야기지만, 모든 세상 사람에게 믿으라고 말한다고 해서 과연 그들이 얼마나 믿을까요?

그렇지만 "이 코인은 언제든 미국 달러와 바꿀 수 있고, 여러분이 맡긴 달러의 차용증 IOU^{I owe you}(나는 너에게 빚이 있다) 같은 겁니다"라고 말한다면 이해가 쉽습니다. 자신이 맡긴 달러와 같은 금액의 코인을 발행하고, 바꾸고 싶을 때는 언제든지 '1달러 = 1코인' 비율로 바꿀 수 있다면 예금 계좌에서 돈을 뽑는 것과 마찬가지라는 생각이 자연스럽게 들 겁니다.

'테더 의혹'이란?

실제로 달러 페그형 스테이블 코인인 테더는 같은 금액의 달러를 보유하므로 언제든 '1달러 = 1USDT' 비율로 바꿀 수 있어 인기입니다. 그런데 테더를 발행하는 테더 유한회사는 실제로 그 담보인 달러를 보유했는지 의혹을 받게 됩니다. 있어야 할 달러가 없다면 '테더는 항상 미국 달러란 담보가 있다'라는 홍보 문구가 거짓말이 되고 이는 이용자를 배신하는 행위입니다.

게다가 문제를 더 복잡하게 만든 것은 테더 유한회사가 고객이 맡긴 자산인 달러를 관련 기업인 비트파이넥스 거래소에 부정으로 융자하고 이를 이용해 발생한 거액의 손실을 은폐한 혐의로 2019년 뉴욕 사법당국에 기소되는 큰 소동이 있었습니다.* '가지고 있어야 할 달러가 없는 것인가?'라는 의혹은 해소되지 않은 채로 남았습니다.

사실, 테더 유한회사가 공표한 2021년 3월 말 시점의 보유 자산

---

* "테더 재판, 합의하기로", https://coinpost.jp/?p=222755

명세에 따르면 달러와 달러 예금 합계는 20%뿐이었고 50%는 어음이었습니다.[*]

이와 함께 2021년에도 미국 상품선물거래위원회CFTC로부터 적어도 일정 기간 유통하는 USDT만큼의 달러를 보유하지 않았던 일이 인정되었습니다. 이에 따라 두 회사는 소비자에게 허위로 설명했다는 이유로 4,250만 달러의 벌금을 내고 CFTC와 합의하게 됩니다.[**]

폭락하기는커녕 오히려 늘어난 테더

그럼 100%의 자산 담보가 없는 스테이블 코인에는 정말 가치가 없을까요? 그렇지 않다는 게 시장이 내린 답이었습니다.

테더 유통량(시가 총액)은 의혹이 불거진 이후 성장률이 조금 떨어지기는 했으나 오히려 순조롭게 성장을 거듭해 2023년 12월 시점에는 90억 달러를 넘었습니다. 그만큼 이용자의 지지를 얻었다는

[*] "스테이블 코인은 파괴자다' 가상 통화, 규제론 강해질 듯, 〈산케이 신문〉, https://www.nikkei.com/article/DGXZQOGN06FBY0W1A800C2000000
[**] "테더 유한회사와 비트파이넥스가 미국 CFTC와 합의하기로, USDT의 담보 자산과 운영을 둘러싸고", https://coinpost.jp/?p=285056

뜻입니다. 그러면 왜 보유 자산에 100%의 담보가 없는데도 시장은 계속 지지하는 걸까요?

이는 은행 예금 계좌를 떠올리면 알 수 있습니다. 우리가 은행에 맡긴 돈을 언제든지 찾을 수 있는 것은 은행이 같은 금액을 보유하기(보유한다고 믿기) 때문입니다. 실제로 은행은 그 돈을 다른 사람에게 빌려주므로 늘 예금 총액과 같은 금액의 현금을 은행에서 보유하고 있진 않습니다. 그러므로 여러분이 일제히 예금을 빼려고 하면 현금이 부족한 은행은 한바탕 소동을 겪을 겁니다. 그러나 실제로 이러한 소동은 좀처럼 일어나지 않습니다(은행 경영 위기 등이 뉴스로 알려지지 않는 한).

테더도 마찬가지입니다. 일련의 소동에서 밝혀진 것처럼 테더

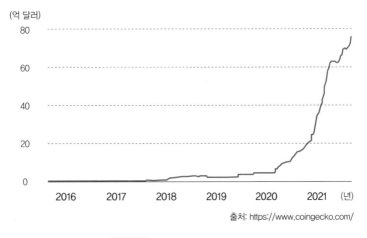

출처: https://www.coingecko.com/

그림 16 테더 시가 총액 변화

유한회사는 발행이 끝난 테더와 같은 금액의 미국 달러를 무슨 일이 있어도 보유하는 것까지는 아니더라도, '1달러≒1USDT'로 교환할 수 있다는 약속까지 어긴 것은 아닙니다. 그리고 모든 이용자가 일제히 바꾸려고 모여들지 않는 한(어지간한 일이 아니고는 현실에서 이런 일은 일어나지 않습니다.) 이 약속은 지켜질 겁니다.

이렇게 많은 사람이 믿었기에 시장에서의 평가는 떨어지지 않았습니다.

테더의 문제점을 보완한 후발 주자 USD 코인

그렇다고 해서 금융 당국의 감독 아래 예금보험공사(혹시나 은행이 파산하더라도 예금 5천만 원까지는 받을 수 있도록 하는 기관)와 같은 안전망이 있는 은행과는 달리 아무런 제약도 없는 일개 민간 기업에 은행과 같은 기능을 갖추도록 할 수 있는지는 의문입니다. 이에 테더에 이어 3년 후인 2018년에 등장한 USD 코인은 후발 주자의 장점을 살려 다양한 대책을 마련했습니다.

미국 서클사와 거대 거래소 코인베이스가 손을 잡고 발행하는 USD 코인은 발행된 코인과 동일한 금액의 달러를 보유하지 않는 건 아닌가 하는 우려를 불식시키고자 제삼자인 감사법인의 감사를 받고, 보유 자산을 공개하거나 코인베이스가 당국의 면허를 취

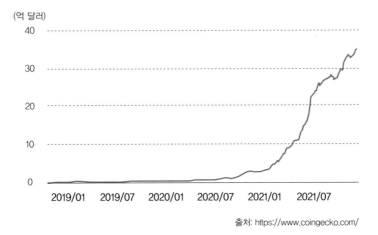

(억 달러)

40

30

20

10

0

2019/01 2019/07 2020/01 2020/07 2021/01 2021/07

출처: https://www.coingecko.com/

그림 17 **USD 코인 시가 총액 변화**

득하는 등 자신은 '스테이블(안정) 자산'임을 강하게 주장합니다.* 이
런 노력의 결과 USD 코인도 순조롭게 유통량(시가 총액)을 늘려
2023년 12월 말, 상승과 하강을 거쳐 245억 달러에 이릅니다.

달러 페그제는 유지될 수 있는가?

앞서 달러와 연동한 스테이블 코인은 달러 페그제의 실제 통화
와 마찬가지라고 설명했습니다. 달러 페그제dollar peg system에서는

* "USD Coin(USDC)이란? USDT와의 차이, 특징, 장점, 매수 방법
등 해설!", https://coinotaku.com/posts/106140

'1달러 = 1코인(자국 통화 단위)'으로 정하고, 위아래로 몇 % 폭 안에서 그 가치를 유지하며 해당 국가의 중앙은행 등이 자국 통화를 팔아 달러를 사거나 달러를 팔아 자국 통화를 사는 등으로 가격을 조정해야 합니다.

가령, 자국 통화 가치가 내려갈 때는 달러를 팔아 자국 통화를 사서 그 가치를 떠받쳐야 합니다. 경기가 안정적일 때는 보유한 달러(외환 준비고)를 팔아 이를 유지할 수 있지만, 경기가 나빠져 자국 통화가 폭락하면 팔 달러가 부족해 결국 자국 통화를 사들이지 못합니다. 위아래 2% 폭으로 고정한 것이 이윽고 5%, 10% 등으로 오르면 변동 환율제와 다름없습니다.

역사적으로 보더라도 경제가 발전 중인 나라가 자국의 신용을 보완하려고 달러 신용을 빌리는 달러 페그제를 시행했지만, 분쟁이나 내란, 정치적 혼란, 경기 악화 등으로 자국 통화가 폭락해 결국 변동 환율제로 바꾸곤 했습니다. 이와 함께 통화 위기 때문에 폭락한 통화를 대량으로 매도해 폭리를 취한 헤지 펀드도 있습니다.

애당초 수요와 공급 관계에 따라 항상 변해야 하는 환율을 위아래 몇 % 폭으로 억제하려는 것이므로 언젠가는 부작용이 생기기 마련입니다. 이런 모순을 뚫고 이익을 얻으려는 참여자 역시 어디에나 있는 법입니다.

달러 페그제를 더 거슬러 오르면 금본위제에 다다릅니다. 보유한 금 이상의 화폐는 발행할 수 없다는 제한이 있을 때, 화폐를 더 발행하려면 다른 나라로부터 금을 빼앗아야 하므로 제국주의 식민지 쟁탈이 일어났던 것입니다. 이런 역사를 되돌아볼 때 달러를 100% 보유한다고 해서 스테이블 코인이 앞으로도 계속 안정적이라는 보증은 없다고 말할 수밖에 없습니다.

역사는 반복됩니다. 화폐나 금융 역사를 왜 배워야 하는지 그 이유가 여기에 있습니다. 역사를 통해 어느 정도는 미래를 예견할 수 있으니까요.

5. 변동 폭이 너무 크다는 문제의 해결책 2: 리브라(디엠)와 CBDC

———— 수십억 이용자가 사용하는 페이스북이 발표한 '리브라'는 법정 통화를 담보로 하는 거대한 스테이블 코인입니다. 그 대상의 규모가 엄청나 국가에 대한 도전이라는 반발도 있으나 중앙은행 디지털 통화CBDC 추진의 원동력이 되었습니다.

변동 폭이 너무 크다는 문제의 해결책으로 스테이블 코인이 등장했습니다. '1달러 = 1USDT'의 등가 교환을 주장한 테더가 큰 붐을 일으키고, 후발 주자인 USD 코인도 빠르게 시가 총액(유통량)이 느는 등 이미 세상에 널리 퍼진 듯했습니다.

이 정도로 성장하는 시장을 보고, 빅테크 기업이 잠자코 있을리 없습니다. 아니나 다를까, 빅5 중 하나인 페이스북(2021년 메타로 이름을 바꿈)이 2019년에 만반의 준비를 하고 발표한 것이 '리브라 (2020년 '디엠'으로 이름을 바꿈)'였습니다.

수십억 명의 잠재 이용자를 가진 '리브라'의 위협

테더의 성공적인 예를 보며, 달러와 같은 법정 통화와 연동해 고정하기만 해도 안전하고 안심할 수 있는 코인으로 시장에 받아들여질 수 있다는 것을 알았습니다. 이에 리브라는 글로벌 결제를 실현할 스테이블 코인의 담보로 반은 달러, 나머지 반은 일본 엔, 유로화, 영국 파운드, 싱가포르 달러로 나누어 보유하는 통화 바스켓 방식을 채용한다고 발표했습니다.[•]

달러, 엔, 유로 등의 주요 통화(또는 그 단기 국채 등)와 연동해 고정하면 가치가 안정되고 신뢰성이 높은 스테이블 코인이 생길 수 있습니다. 이것만 보면 테더나 USD 코인과 크게 다르지 않다고 생각할 수 있지만, 가장 큰 차이는 그 규모입니다.

페이스북, 즉 메타는 세계에서도 유수의 시가 총액을 자랑하는 거대 기업입니다. 이 회사의 SNS 월간 이용자 수[MAU]는 페이스북이 약 28억 명, 왓츠앱이 약 20억 명, 인스타그램이 약 10억 명입니다. 어느 정도 중복된다는 점을 고려하더라도 30~40억 명 단위의 이용자가 사용하는 거대 가상 경제권이라 볼 수 있습니다.

[•] "엔은 14%, 리브라 '통화 바스켓'의 자세한 내용을 밝히다", https://www.coindesk.com/markets/2019/09/23/facebook-reveals-libra-cryptos-currency-basket-breakdown-report/

세계 인구는 중국 14억 명, 인도 13억 명, 아프리카 10억 명, 동남아시아 6.5억 명, 유럽연합 4.9억 명, 미국 3.3억 명입니다. 한편, 비트코인뿐 아니라 가상 통화 전체 이용자 수는 전 세계 1억 명 정도로 추산합니다.[*] 이 숫자와 비교하면 메타가 대상으로 하는 수가 얼마나 거대한지 실감할 수 있습니다.

새로운 가상 국가가 탄생할지도?

이처럼 거대한 이용자 수를 가진 기업이 사용하기 편리한 코인을 만들고, 이용자를 대상으로 이를 이용하기를 장려한다면 어떤 일이 일어날까요? 잠시만 상상하더라도 엄청난 일이 벌어지리라는 것은 쉽게 상상할 수 있을 겁니다. 이렇게 느끼는 건 여러분만이 아닙니다. 국가 역시 자신을 능가하는 규모를 가진 빅테크 기업이 통화를 발행한다는 것의 의미를 심각하게 받아들이고 큰 위기를 느낍니다.

스테이블 코인은 애당초 달러와 연동한 'IOU'와 같은 것이었습니다. 가치의 원천은 달러 그 자체, 즉 미국이라는 초대국에 대한 신용입니다. '미국 경제가 괜찮다면 달러도 괜찮다. 그러므로 테더

[*] "가상 통화 이용자, 전 세계 1억 명 돌파(케임브리지 대학 조사)", https://coinpost.jp/?p=185395

도 괜찮다(이를 발행한 테더 유한회사는 그렇게까지 신용을 얻지 못하더라도)'는 논리입니다.

그런데 메타와 같은 빅테크 기업이 배후에 있다면 언젠가 이런 생각도 바뀌지 않을까요? 리브라, 즉 디엠이 등장했을 때는 달러나 일본 엔, 유로화라는 담보가 있으니 괜찮다는 이유로 많은 사람이 이용할지 모르겠지만, 일단 디엠이 궤도에 오르면 뒤에 메타가 있어서 괜찮다고 생각하는 사람도 아마 늘어날 겁니다.

즉, 미국 연방준비제도이사회FRB가 발행하는 달러이니 괜찮아, 일본은행이 발행하는 엔이니까 괜찮아, 라는 논리와 마찬가지로 빅테크 기업이 발행하는 코인이니까 괜찮아(잠시 후 설명하겠지만, 겉으로는 '디엠 협회'라는 비영리 단체가 발행하고 관리)라며 투자자의 인식도 바뀌게 됩니다.

이렇게 되면 그 코인은 더는 'IOU(차용증)'가 아니라 빅테크 기업이 자기 신용을 바탕으로 발행하는 통화와 다름없습니다. 즉, 담보로 보유했던 달러나 일본 엔(또는 그 단기 국채)은 '달러와 디엠', '엔과 디엠'의 외환 시장을 안정화하는 데 필요한 외화보유액 역할을 합니다. 이는 국가가 독점했던 통화 발행권을 손에 쥔 새로운 '가상 국가'의 탄생을 뜻할지도 모릅니다.

각국의 반발로 이름을 '디엠'으로

규모가 작은 스타트업 기업이 스테이블 코인을 발행했을 때는 이런 염려가 없었습니다. 그러나 수십억 명이 이용하는 메타라면 이를 받아들이는 태도가 전혀 달라집니다. 빅테크 기업과 기존 국가 중 어느 쪽을 신용할 것인지를 두고 정치적으로 매우 민감한 이야기를 하기 때문입니다.

마침 (당시) 페이스북은 2016년 미국 대통령 선거에 부당하게 관여했다는 의심을 받으며 혐오 연설, 가짜 뉴스 대응 부족 등을 지적받았는데, 공화당과 민주당 양쪽 의원이 마크 저커버그를 국회 공청회에 소환해 매섭게 추궁하는 상황이 벌어지기도 했습니다.

유럽연합에서는 2018년에 개인정보보호를 명확히 밝힌 '일반 데이터 보호 규칙GDPR'이 시행되어 SNS로 수집한 개인 정보를 이용해 그 사람에 맞춘 타깃 광고를 노출하는 이 회사의 비즈니스 모델 그 자체에 의문을 가졌습니다. 게다가 전 세계를 상대로 하는 빅테크 기업이 세금이 싼 국가에 거점을 두고 실제 서비스를 제공하는 국가의 세금을 피하는 것은 두고 볼 수 없는 행위로 보고 점점 포위망을 좁히고 있습니다.

이러한 여러 역풍을 맞은 결과 페이스북은 처음에는 리브라(당시)를 발행하고 관리하는 것은 스위스 제네바에 거점을 둔 '리브라 협회'란 비영리 단체로, 페이스북은 그 일원에 지나지 않는다고 발표했습니다. 그러나 이것만으로는 각국의 우려를 불식시키지 못했기에 시작할 때부터 참여했다고 발표한 비자나 마스터 카드, 페이팔, 이베이, 스트라이크 등의 결제 관련 기업도 하나씩 떠나기 시작*했고, 이에 좀처럼 리브라를 발행하지 못하고 있었습니다.

이런 이유로 리브라를 디엠이란 이름으로 바꾸고 통화 바스켓 방식도 철회해, 달러나 엔 등의 법정 통화를 담보한 일반적인 스테이블 코인을 발행하는 것을 목표로 합니다.**

국가에 대한 도전으로 받아들이다

후발 주자인 리브라는 비트코인이 안고 있는 여러 가지 과제와 있어야 할 달러를 보유하지 않았던 테더의 문제 등을 모두 보고, 이를 타산지석으로 삼은 최종 형태로 계획되었습니다. 감사법인의 감독을 도입하고 보유 자산 상황도 공개할 뿐만 아니라, 발행 주체도 하나의 기업이 아니라 스포티파이(음악 구독 서비스), 우버(차량 공유), 쇼피파이(전자 상거래), 안드리슨 호로위츠(벤처 캐피탈) 등 이해관계자를 다수 모집하고 비영리 단체를 설립해 객관성과 공평성을

* "FB '리브라'에 큰 타격, 비자와 마스터 카드도 이탈 표명", https://www.technologyreview.com/2019/10/12/364/
** "가상 통화 리브라(디엠)란?", https://coinpost.jp/?p=207636

담보하는 등 빈틈없는 프로젝트로 배를 띄우고자 했습니다.

페이스북의 개발력과 자금력이라면 기술 면에서 리브라 정도
는 충분히 실현할 수 있었을 겁니다. 그러나 국가나 각국 중앙은행
에서 볼 때 이는 기득권에 대한 도전이었습니다. 이것이 불행의 시
작입니다.

리브라는 기존 금융 시스템을 파괴하는 게 아니라 은행 계좌가
없는 개발도상국 사람들에게 새로운 선택지를 주는 것이라 주장
했지만, 아무리 페이스북이 설득하더라도 이것이 널리 퍼지면 국
가가 제어할 수 없는 거대한 경제권이 탄생할 것임은 불 보듯 뻔했
습니다. 리브라가 가는 길을 막아선 건 기술이 아니라 정치였던 것
입니다.

외래 세력 등장으로 'CBDC'가 본격화?

그러면 리브라는 반발만 일으키고 끝난 것일까요? 최종 형태가
어떨지 지금은 예측할 수 없으나 리브라가 세계에 준 충격에는 큰
의미가 있다고 생각합니다. 먼저 리브라란 외래 세력이 등장한 탓
에 각국 정부와 중앙은행은 가만히 있을 수 없었고, 그러기에 'CBDC'
실현에 대한 기대는 더욱 커져만 갔습니다.

오래된 금융 시스템의 쇄신은 모든 나라가 고민하던 문제였습

니다. 현금 거래에는 유지 비용이나 운송 비용이 들므로 어떻게든 디지털화하고자 했습니다. 예를 들어, 한은 금융망(한국은행과 시중 은행을 연결한 네트워크)을 제때 교체하지 않아 시스템이 멈춘다면 경제활동 그 자체가 멈추는 엄청난 타격을 받을 겁니다. 은행 전산 장애 사건을 봐도 알 수 있듯이 구형 시스템을 업그레이드하는 일은 엄청난 부하가 걸리는 작업입니다. 그러므로 가능한 한 뒤로 미루고 싶고, 좀 더 시간을 들여 신중하게 진행하고 싶은 게 솔직한 심정입니다.

그런데 리브라가 등장함으로써 더는 가만히 있을 수 없게 되었습니다. 이대로라면 일개 민간 기업에 추월을 당할 수도 있습니다. 기업에 맡길 바에야 중앙은행이 직접 '디지털 달러'나 '디지털 원'을 발행해야 하지 않을까요? 리브라의 등장을 계기로 각국 중앙은행에서는 이를 위한 연구를 본격화하고 있습니다.

'디지털 위안화'의 대항마

또 하나는 얼마 후 등장하리라는 소문이 도는 '디지털 위안화'의 대항마를 어떻게 준비할 것인지에 대한 관점입니다.

시진핑 체제의 중국은 국내 테크 기업에 대한 규제를 강화해 2021년에는 가상 통화 시장에서도 완전히 철수했습니다. 직접 통제할 수 없는 비트코인을 전면적으로 금지하는 한편, 알리바바나 텐센트 등이 개발한 시스템을 반강제적으로 손에 넣을 수 있는 권력을 가진 중국 공산당은 이른 시기부터 위안화의 디지털화에 착수한 것으로 보입니다.

이와 동시에 '일대일로' 정책으로 주변국에 대한 영향력을 강화 중인 중국이 위안화의 힘을 확대하려 한다는 것은 잘 알려진 사실입니다. 그렇게 되면 기축 통화 달러를 통해 전 세계에 영향력을 발휘했던 미국의 국익과 정면으로 충돌하게 되어 두 나라 사이의 긴장은 더욱 높아질 겁니다.

중국은 위안화의 이권을 확대하고 싶고, 미국은 강한 달러를 유지하고 싶습니다. 중국이 위안화를 디지털화하여 편리성을 높이려 한다면 당연히 미국도 가만히 있지 않을 겁니다. 그러면 처음부터 직접 개발할 것인지, 아니면 이미 있는 디엠과 같은 코인을 재빠르게 채용할 것인지의 선택이 남습니다.

페이스북도 이런 점을 염두하고 협상을 했다고 합니다. 우리가 하지 않더라도 중국은 분명히 실현할 것이고 시장도 먼저 장악하려 할 것인데 팔짱만 끼고 지켜볼 순 없는 것 아니냐, 중국에 뒤질 바에는 차라리 자신에게 맡기는 게 낫지 않겠느냐는 태도였다고 합니다.

이에 대해 성과가 있을지 지금은 알 수 없습니다. 미국이 독자적으로 CBDC를 만들어 중국에 대항할 것인가? 아니면 디엠 같은 코인을 도입해 중국에 대항할 것인가? 어느 쪽이든 디지털 통화 패권을 둘러싼 미국과 중국의 줄다리기는 당분간 이어질 듯합니다.

디지털 통화 세계는 미국과 중국의 양극화로 이어질까요? 아니면 '디지털 달러', '디지털 위안화'와 함께 빅테크 기업이 제3의 핵심 코인으로 등장할까요? 이와 함께 어느 기업에도, 어느 국가에도 속하지 않는 비트코인이 제4의 핵심 화폐가 되는 미래도 가능할 듯합니다.

과연 천하 삼분지계, 천하 사분지계의 전쟁은 어떤 미래를 만들까요? 날마다 쏟아지는 가상 통화와 블록체인 뉴스를 이런 관점으로 살펴보면 여러 가지 이슈를 발견할 수 있을 겁니다.

일본에서도 민간 주도의 디지털 통화가 실용화를 목표로 움직이기 시작하다

한편, 일본으로 눈을 돌리면 민간 주도의 디지털 통화가 실용화를 목표로 움직이기 시작했으며 일본은행 주도의 CBDC가 뒤를 따르는 형태입니다. 3곳의 대형 은행과 NTT 그룹, JR 동일본 등 74곳의 기업이 참가하는 '디지털 통화 포럼'은 엔화 표시 디지털 통화 'DCJPY'의 실용화를 목표로 합니다.*

DCJPY는 은행 예금을 담보로 민간 은행이 발행하고, 이용자는 디지털 통화 전용 계좌에 이 코인을 입금합니다. 전용 계좌의 송금과 결제는 24시간 365일 언제든 즉시 결제 가능하므로 기업 간 송금이나 거액 결제 등을 중심으로 한 번거로움이나 비용이 큰 폭으로 줄어들 것으로 기대합니다.** 이후 일본 산업계의 움직임을 주목해야 하는 이유입니다.

* "디지털 통화로 기업 결제, 74사 참여 빠른 결제, 낮은 비용", 〈산케이 신문〉, https://www.nikkei.com/article/DGXZQOUB233Z40T21C21A1000000
** "민간 기업의 디지털 통화 'DCJPY'", 〈백서 공개〉, https://www.coindeskjapan.com/130802/

6. 은행의 구형 시스템 업그레이드(리플)

——————— '빠르고 싸게' 국제 송금을 할 수 있는 리플은 비용이나 전력 소비 측면에서 매우 우수한 즉시 결제 시스템으로, 시대에 뒤떨어진 은행 시스템의 업그레이드를 목표로 합니다. XRP는 서로 다른 통화 사이를 잇는 다리 역할을 하는 통화로, 가격은 리플사가 통제합니다.

지금까지 살펴본 가상 통화는 비트코인이든, 한 층 위에 만들어지는 레이어 2(라이트닝 네트워크)이든, 스테이블 코인이든 모두 일반 이용자의 매매를 전제로 설계되었습니다.

그런데 이와는 전혀 다른 접근법으로, 전용 블록체인(=분산형 원장 기술로 XRP 레저라고 부름. '레저ledger'란 원장을 의미)을 개발해 새로운 코인을 만들고자 하는 사람이 나타났습니다. 이것이 리플로, 대상은 은행 사이를 잇는 네트워크 시스템입니다. 금융이 발달하지 않고 은행 계좌가 없는 사람이 많은 개발도상국에서 은행 시스템을 구축하거나 오래된 국제 송금 시스템 SWIFT를 보완하거나 업그레이드하는 것을 목표로 합니다.

사설 네트워크로 관리하는 '리플'

지금까지 여러 번 설명했듯이 블록체인은 원래 '빠르고 싼' 송금 시스템이었습니다. 그러나 같은 송금이더라도 고객 상대B2C 시장과 기업 상대B2B 시장에서는 애당초 원하는 바가 서로 달랐습니다.

일반 이용자의 사용을 전제로 한 B2C 시장에서는 공개된 분산형 비트코인을 시작으로 다양한 코인이 어울리지만, 일반 이용자는 볼 일이 없는 은행 간 네트워크와 같은 B2B 시장에서는 오히려 처음부터 외부와 분리된 사설 네트워크로 집중해 관리할 수 있는 코인이 더 유리합니다.

리플이 실현하려는 것은 이러한 사설로, 중앙집권적이며 견고한 시스템입니다. 이 시스템에서 서로 다른 통화 간 교환을 중개하는 '브리지 통화' 역할을 하는 것이 리플의 코인인 'XRP(통화 단위도 XRP)'입니다.

즉, XRP는 은행 간 네트워크를 떠받치는 드러나지 않는 힘입니다. 그러므로 자체가 투자 대상인 비트코인이나 그 밖의 알트코인과 같은 관점에서 설명하기에는 어울리지 않습니다. '자산'이라기보다는 네트워크를 원활하게 하는 '윤활유'이자 현금과 현금을 잇는 '디지털 통화'에 지나지 않기 때문입니다.

비트코인의 과제를 모두 해결한 'XRP 레저'

리플을 떠받치는 전용 블록체인 기술 'XRP 레저'는 비트코인이 맞닥뜨린 여러 가지 과제를 해결하기 위해 개발되었습니다.

비트코인이 결제에 시간이 걸리는 것도, 승인에 막대한 전력을 소비하는 것도 그 근원을 거슬러 올라가면, 결국 채굴과 이를 떠받치는 작업 증명의 비효율성에 다다르게 됩니다. 이에 XRP 레저에서는 처음부터 작업 증명 없이 독자적인 컨센서스 알고리즘을 채용했습니다. 이에 따라 다음과 같이 매우 효율적이고 저렴한 비용의 즉시 결제 시스템을 구축할 수 있었습니다.

① 송금에 걸리는 시간은 3~4초(비트코인은 10분 이상. 1시간 걸릴 때도 있음)

② 1초당 1,500건 이상 처리(비트코인은 겨우 몇 건)

③ 1건당 소비 전력은 비트코인의 12만분의 1(비트코인은 1,000kWh)

④ 1건당 비용은 0.004달러*

인터넷 덕분에, 순식간에 거의 비용 없이 정보가 전 세계를 오 갈 수 있게 된 것과 마찬가지로 리플의 등장으로 돈 역시 순식간에 매우 싼 비용으로 이동할 수 있게 되었습니다.

특히 필리핀 페소, 타이 바트, 남아프리카 랜드 등 비주류 통화 를 국제 송금으로 주고받을 때 리플은 그 위력을 발휘합니다. 이전 구조와 비교해 수고, 시간, 비용을 모두 훨씬 '간단하게', '빠르게', '싸게' 보낼 수 있기 때문입니다.

투자자는 XRP에 무엇을 기대하는가?

이렇게 장점이 많은 시스템이다 보니 리플에 거는 기대가 커져 은행이나 국제 송금 업무를 담당하는 기업이 채택하는 일도 늘었 습니다. 그러나 XRP 가격이 순조롭게 올랐다고는 말할 수 없습 니다.

어떻게 보면 당연한 것으로, XRP는 가격이 오를 것을 기대하고 하는 '자산'이라기보다는 시스템 뒤편에서 사용되어야 비로소 의 미가 있는 코인이기 때문입니다. 리플이 제공하는 것은 은행을 대 상으로 한 각종 솔루션으로, 시스템에서 오가는 고유의 디지털 통

• "금융과 유통에 혁명을 일으킬 '리플 효과'", https://forbesjapan. com/articles/detail/43147

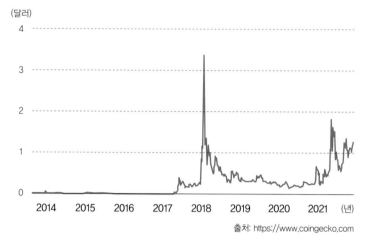

(달러)

출처: https://www.coingecko.com

그림 18 **리플**(XRP) **가격 변화**

화가 XRP의 역할입니다. 그럼 왜 일반 투자가는 XRP를 사고파는 걸까요?

물론 XRP 가격이 오르면 바랄 바가 없겠지만, 이보다는 은행을 대상으로 솔루션을 제공하는 리플이라는 회사의 성장을 기대하고 사는 측면이 더 클지도 모릅니다. 리플사의 개발 능력이 무척 매력적인 건 사실이므로, SWIFT를 대신하는 국제 송금이라는 영역 역시 더 성장하리라고 느꼈을 겁니다.

그러나 여기서 이런 의문이 드는 사람도 있을 겁니다. 회사에 투자한다면 통화가 아니라 '주식'을 사야 하는 게 아닌가 하고요. 다시 말해, 리플사는 XRP 개발로 자금을 조달한 것이 아니냐는 겁니다.

블록체인을 사용한 자금 조달을 ICO Initial Coin Offering라 부르는

데, 2017년경 크게 유행했습니다(자세한 내용은 5장에서 다룰 예정입니다).
ICO 거품이 터지고 나서는 규칙을 정비했는데, 자금 조달을 목적
으로 새로이 공개한 토큰은 '유가증권(주식)에 해당한다'라고 해석
합니다.

그러므로 리플사가 발행한 XRP도 사실상 ICO와 같은 게 아닌
지 당국이 의심하기 시작해 2020년 말에는 미국 증권거래위원회
SEC가 리플사를 제소하게 됩니다.*

XRP는 모든 코인 발행이 끝남

발행 주체가 없는 비트코인은 채굴 보상으로 그때마다 새로운
비트코인을 발행하는 구조입니다. 그러므로 비트코인을 발행하는
회사는 이를 이용해 자금을 얻을 수 없습니다(이에 따라 비트코인은 '주
식'과 분명한 차이가 있습니다).

그런데 채굴이 없는 리플에서는 발행 수의 상한을 1천억 XRP
로 미리 정하고, 2005년에 모든 발행을 끝냈습니다.** 발행이 끝난

* "미국 SEC가 리플사를 제소. 재판 상황이 리플 시장에 끼칠 영향
은?" https://hedge.guide/feature/sec-charges-ripple-
bc202104.html
** "리플이란? 특징, 원리, 역사", https://www.bitpoint.co.jp/
column/tips13/

XRP 보유 계좌는 대략 370만(2021년 11월 기준)* 개로, 상위 100개 계좌가 총발행 수의 약 65%를 보유했는데, 리플사와 그 창업자도 목록 상위에 자리를 잡았습니다.

이들 큰손 보유자는 일정 비율로 XRP를 시장에 팔면서 가격을 통제합니다. XRP 가격이 비교적 쌌던 까닭입니다. 가격이 단기간에 많이 변동하면 브리지 통화라는 역할을 할 수 없기 때문입니다. 이렇게 보면 분명히 XRP는 비트코인과는 상당히 다르다는 인상을 줍니다. 그렇더라도 과연 이 때문에 '주식'에 더 가깝다고 말할 수 있을까요? 사법 당국의 판단은 어떨지, 결과를 지켜봐야겠습니다.

* XRP Stats https://ledger.exposed/rich-stats#range

7. 비트코인은
언제까지 톱일까?

———— 비트코인이 시가 총액 1위를 유지할 수 있는 것은 팔 사람이 살 사람을 부르고, 살 사람이 팔 사람을 부르는 '네트워크 효과'가 강력한 방패가 되어 다른 알트코인은 접근하지 못하도록 하기 때문입니다. 물론 알트코인 사이를 잇는 '기축 통화' 역할도 담당합니다.

4장 앞부분에서 비트코인이 맞닥뜨린 여러 가지 문제를 나름의 방법으로 해결한 것이 가상 통화의 역사라고 이야기했는데, 여기까지 읽은 독자라면 이제는 이를 잘 이해하리라고 생각합니다.

기술적인 면만 보면 분명히 후발 주자인 리플이나 스테이블 코인 등 그 밖의 알트코인 쪽이 더 세련될지도 모릅니다. 그러나 다양한 가상 통화 중 여전히 비트코인이 최고라는 사실에는 무언가 이유가 있을 겁니다.

비트코인은 가상 통화계의 '기축 통화'

다른 코인보다 빨리 보급된 비트코인은 인지도가 높아 '가상 통화＝비트코인'이라 생각하는 사람도 많습니다. 비트코인은 유통량이 많고, 이를 취급하는 수많은 거래소가 가장 눈에 띄는 곳에 배치되어 있어서 초보자가 가장 먼저 마주하는 가상 통화이기도 합니다.

비트코인은 그 밖의 알트코인을 살 때 출발점이 되기도 합니다. 잘 알려지지 않은 코인은 종종 외국 거래소에서만 살 수 있는데, 이런 거래소에서만 취급하는 코인은 대부분 한국 돈으로는 살 수 없습니다. 이때 먼저 비트코인을 사고 나서 이 비트코인으로 다른 코인을 사는 게 일반적입니다. 즉, 비트코인은 현실 외환 시장에서 '미국 달러'와 비슷한 위치에 있고, 알트코인 사이를 잇는 '기축 통화'가 됩니다.

디지털 세계에서는 "승자가 모든 것을 가진다"라는 법칙에 따라 점유율 상위 서비스만 살아남게 되는데, 이와 달리 가상 통화는 다양한 특징의 알트코인이 나름의 수요를 맞추며 수평적인 형태로 남을 듯합니다. 그렇게 되면 알트코인 사이를 잇는 비트코인의 존재 가치는 당분간 견고할 것입니다.

강력한 '네트워크 효과'를 방패로 삼은 비트코인

이런 상황이 거듭되므로 가상 통화에 투자하는 사람 중 비트코인이 없는 사람은 거의 없지 않을까요? 그만큼 많은 사람이 보유하면 다른 코인에는 없는 강력한 방패가 형성됩니다. 이것이 '네트워크 효과'로, 비트코인이 지금도 시가 총액 1위인 것은 이 방패로부터 보호받기 때문입니다.

시장에 참가하는 사람이 많을수록 유동성은 높아집니다. 팔고 싶을 때 팔고, 사고 싶을 때 살 수 있다는 것은 수많은 사람이 거래하기 때문입니다. 파는 사람이 많으면 사고자 하는 사람이 모이고, 사고 싶은 사람이 많으면 팔고자 하는 사람이 모입니다. 이것이 '네트워크 효과'로, 일단 순환이 시작되면 경쟁자가 그 지위를 뺏기는 쉽지 않습니다.

달리 말해, 비트코인의 시가 총액이 1조 2천억 달러나 된다는 것은 현금이나 국채, 투자 신탁과 비교해 리스크가 높은(변동성이 높은) 암호자산의 위험을 각오한 자금이 1조 2천억 달러나 된다는 겁니다. 그러나 가장 널리 보급된 비트코인과 비교하면 알트코인 대부분은 유동성이 낮으며, 그중에는 어디서 유래했는지 모를 코인도 섞여 있습니다.

이렇게 되면 1조 2천억 달러 중 도박과 같은 고위험에 돈을 건 사람과 그 금액은 과연 얼마나 될지 궁금합니다.

큰손 '고래'의 동향에 주목

비트코인을 대량 보유한 사람을 속칭 '고래'라 부르며, 상위 천 개 계정이 전체의 40%를 보유합니다.[*] 1조 2천억 달러의 40%는 약 5천억 달러입니다. 이 정도로 큰 자산을 가진 '고래'들이 비트코인이 순조롭게 오르는데도 굳이 새로운 코인으로 갈아탈 가능성은 작아 보입니다.

즉, 그 정도 자산이 있다면 그 자금력으로 비트코인 자체를 개선하려고 영향력을 발휘하는 편이 이익을 얻기 쉬우리라고 생각하는 것입니다. 아마도 비트코인은 그대로 두고 비트코인 가격이 오르면서 생기는 잉여 자금을 위험이 큰 알트코인에 투자하는 매수 전략이 일반적이지 않을까요?

한편, '고래'가 아닌 일반 투자자 역시 비트코인보다 알트코인을 선호할 이유가 없습니다. 비트코인이 더 안전하고, 충분한 수익을 올리고 있으니 비트코인에서 눈을 돌릴 이유가 없습니다. 이러한 순환은 좀처럼 깨지지 않을 것입니다.

[*] "비트코인에서 '고래'란? 암호 통화 가격에 큰 영향을 끼치는 존재", https://www.businessinsider.com/bitcoin-whales-the-key-facts-figures-you-need-to-know-2021-1

비트코인을 뛰어넘을 경쟁자는 과연?

'네트워크 효과'에 위력이 있긴 하나 미래에도 여전하리라는 보장은 없습니다. 예를 들어, 민주적인 운영 방식에 따라 비트코인 개발이 지체되는 바람에 손을 쓸 수 없을 정도로 처리 속도가 느려진다면, 결국 사용하기 더 편리한 스테이블 코인 등으로 자금이 유출될지도 모른다는 시나리오는 어떨까요?

또는 엄청난 자금력을 자랑하는 대기업이나 펀드가 직접 알트코인을 개발하거나 이미 있던 알트코인을 수백억, 수천억 달러씩 사들인다면 가상 통화 시장에 모인 돈의 흐름이 완전히 달라질지도 모릅니다. 단, 이를 '민주적 통화'라고 부를 수 있을지는 의문입니다.

이런 까닭으로, 경제 합리성 면에서 생각하더라도 비트코인을 뛰어넘는 새로운 코인이 등장하기는 어렵지 않을까 합니다. 그러나 언젠가 지금까지의 이야기를 다시 써야 할 때가 올지도 모릅니다. 마지막 5장에서는 급성장을 거듭하는 비트코인의 최대 경쟁자를 알아봅니다.

5장

이더리움이
열어갈 미래

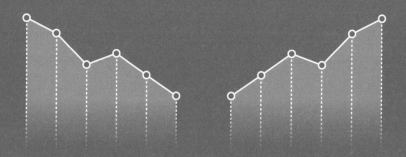

1. 비트코인의 최대 경쟁자, 이더리움이란?

──────── 비트코인 다음으로 시가 총액을 자랑하는 이더리움은 계약을 프로그램화하여 자동으로 실행하는 '스마트 계약'을 실현하는 플랫폼입니다. 새로운 기능을 제공하는 다양한 애플리케이션의 바탕이 되므로 인기를 끄는 중입니다.

가상 통화의 시가 총액 순위에서 비트코인에 이어 오랫동안 2위 자리를 차지하고 있는 것은 이더리움입니다. 2021년 11월 기준으로 시가 총액이 5천억 달러를 넘습니다. 전체 가상 통화 시가 총액은 3조 달러를 돌파했는데,* 이 중 1위 비트코인과 2위 이더리움이 전체 시장의 반 이상을 차지합니다.

* "암호자산 시장의 시가 총액, 3조 달러 돌파", https://www.bloomberg.com/news/articles/2021-11-08/crypto-world-hits-3-trillion-market-cap-as-ether-bitcoin-gain

비트코인과는 다른 '이더리움 생태계'

4장에서는 비트코인이 마주한 여러 가지 과제를 나름의 방식으로 해결하면서 새로운 코인과 기술이 진화하는 모습을 살펴봤습니다. 이때 2위인 이더리움을 다루지 않은 데는 이유가 있습니다. 이더리움은 비트코인과 같이 블록체인 기술을 바탕으로 하면서도 비트코인과는 다른 생태계를 만들어 가고 있기 때문입니다.

그리고 최근 몇 년 동안 가상자산과 관련해 주목받고 큰 반향을 일으킨 분산형 투자 펀드 'DAO', 분산형 금융 'DeFi', 대체 불가능

	통화	단위	시가 총액
1	비트코인	BTC	1조 1,341억 달러
2	이더리움	ETH	5,074억 달러
3	바이낸스코인	BNB	970억 달러
4	테더	USDT	749억 달러
5	솔라나	SOL	651억 달러
6	에이다	ADA	601억 달러
7	리플	XRP	526억 달러
8	폴카닷	DOT	438억 달러
9	USD 코인	USDC	346억 달러
10	도지 코인	DOGE	311억 달러

그림 19 **가상 통화 시가 총액 순위**(2021년 11월)

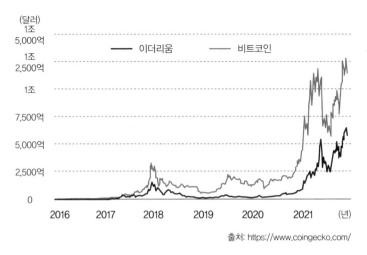

출처: https://www.coingecko.com/

그림 20 이더리움 시가 총액 변화

토큰 'NFT' 등의 새로운 기술들이 이더리움 생태계 안에서 태어났습니다.

이에 이번 장에서는 이더리움이 무엇인지부터 시작해 이더리움 생태계에서 태어난 여러 가지 기술들을 살펴봅니다. 여기서는 통화라는 가상화폐의 겉모습뿐 아니라 다양하게 펼쳐지는 세상 속 모습도 함께 접할 수 있습니다.

자동으로 계약을 실행하는 '스마트 계약'

비트코인은 과거 모든 거래를 기록한 분산형 원장입니다. 사슬 모양으로 연결한 블록에 기록하는 것은 '누구에서 누구로 ○BTC 이동했다'라는 '거래' 기록입니다. 이더리움도 블록체인 기술을 이용한 분산형 원장이지만, 비트코인과 다른 점은 '거래' 기록뿐 아니라 '계약' 내용도 프로그램 형태로 기록한다는 것입니다.

여기서 '계약'이 무엇인지 다시 한 번 생각해 봅시다. 계약이란 무언가를 팔거나 교환하거나 양도하거나 빌리거나 빌려주거나 혹은 사업을 발주하거나 수주하거나 사람을 고용하거나 고용되거나 할 때 당사자 사이에 체결하는 약속으로, 서로 합의하면 법률상 권리와 의무가 생깁니다. 계약서에는 "이런 조건을 충족한다면 얼마를 지급하겠다. 약속을 지키지 못했을 때는 이렇게 대응하겠다"라는 내용을 자세하게 씁니다.

이더리움에는 이러한 내용을 프로그램 형태로 기록하고 정해진 조건을 충족할 때 가치 이전이나 지급 등을 자동으로 실행합니다. 약속을 지키지 못했을 때도 미리 정한 내용을 자동으로 실행합니다. 일일이 사람이 개입하지 않더라도 자동으로 실행하는 똑똑한 약속이므로 '스마트 계약smart contract'이라 부릅니다.

사람이 개입하지 않으므로
안전하고 빠르고 비용이 저렴하다

요컨대, 스마트 계약은 계약을 자동으로 실행하는 프로그램이라는 건데, 이것이 왜 그렇게 대단한 걸까요? 예를 들어, 보험 계약에서 모든 요건을 충족했을 때는 보험금이 얼마인지, 요건 A일 때는 얼마인지, 요건 B일 때는 얼마인지, 만기일일 때는 얼마인지 등을 미리 정하고 이 과정 전체를 프로그램으로 만들어 두면 사람의 손을 빌리지 않고도 모두 자동으로 실행할 수 있을 겁니다.

스마트 계약에서는 정한 대로 프로그램을 실행하면 되므로 그 사이에 사람이 개입해 '요건을 만족했는지 조사한다'라는 과정(부정이 개입할 여지가 있음)도 없고, 잘못된 금액을 지급하는 실수도 사라집니다. 또한 블록체인은 그 내용을 변조할 수 없으므로 나중에 계약 내용을 마음대로 변경하거나 부정으로 수급하는 일도 없습니다.

거래 기록을 모두 블록에 적고 이를 공개하므로 투명성이 높다는 것도 큰 장점입니다. 원한다면 누구라도 확인할 수 있으므로 일반적인 보험 계약처럼 보험 회사에서 어떻게 심사하는지, 그 과정에 자의적인 판단은 없는지 등을 신경 쓰지 않아도 됩니다. 게다가 보험 계약을 프로그램으로 모두 실행할 수 있다면 그 사이에 있던 대리점이나 심사 담당, 회계, 은행 등의 중개자가 더는 필요 없습니다. 물론, 종이 계약서가 없으므로 도장도 없고 종이 서류를 주고받고 보관하는 사무 비용도 들지 않습니다.

　이처럼 큰 폭의 비용을 절감할 수 있다면 이전에는 생각할 수 없었던 저렴한 가격의 보험 상품이 나올지도 모릅니다. 즉, '스마트 계약＝프로그램을 이용한 계약 자동화'는 지금까지 여러 사람의 참여를 통해서만 성립했던 다양한 거래를 알고리즘으로 대체하고 이를 모두 자동화하므로 이후 종래 산업 구조를 근본부터 뒤집는 '파괴적 혁신disruptive innovation'이 일어날지도 모릅니다.

분산형 애플리케이션을 위한 플랫폼

　그러나 세상이 이더리움을 대단하다고 인정한 이유는 이것이 전부는 아닙니다. 오히려 이더리움의 진정한 강점은 누구라도 이 스마트 계약을 구현한 애플리케이션을 설계하고 개발할 수 있도록 했다는 데 있습니다. 즉, 이더리움은 '분산형 애플리케이션'을 위한 플랫폼으로, 이더리움을 바탕으로 다양한 앱을 개발하고 이를 추가할 수 있도록 했다는 점이 획기적입니다.

　엔지니어가 볼 때 스마트 계약 이념에 공감하더라도 모두가 개발의 처음부터 설계한다는 것은 쉽지 않은 일입니다. 그러나 이더리움이라는 공통 플랫폼이 있으므로 이 위에 탑재할 앱 개발에만 집중하면 됩니다. 이것이 이더리움 생태계에 매력적인 앱이 끊임

그림 21 이더리움 생태계

없이 등장하는 이유입니다.

이를 스마트폰 앱 생태계에 비유하자면, 이더리움이 'iOS'나 '안드로이드 OS' 같은 존재이고, 이더리움 안에서 운용하는 통화 이더는 '앱 스토어'나 '구글 플레이'에서 사용하는 코인이라 할 수 있습니다.

이렇게 이더리움과 이더리움의 통화인 리더는 단순히 화폐라는 단순한 통화라는 범위를 넘어 다양한 애플리케이션을 탑재한 플랫폼이 된 것입니다.

이더는 누가 살까?

이더리움 플랫폼에서 운용할 다양한 애플리케이션을 개발하고 제공하는 사업자는 고유의 '토큰'을 발행할 수 있습니다. 토큰이란 비트코인이나 이더리움 등 기존 블록체인을 이용하여 개발한 애플리케이션에서 주고받는 코인을 말하는 것으로, 이 자체에는 블록체인(분산형 원장)이 없습니다. 그러므로 각 애플리케이션의 토큰을 사려면 먼저 이더리움 플랫폼 안의 공통 통화인 이더를 산 다음, 이 이더로 개별 애플리케이션의 토큰을 사야 합니다.

플랫폼 안에 다양한 프로젝트가 생기고 해당 애플리케이션이 인기를 얻어 토큰을 사고자 하는 사람이 늘면 그만큼 이더를 사고자 하는 사람도 늘어납니다. 그러다 보니 새로운 애플리케이션이 유행할 때마다 이더 가격도 순조롭게 올랐습니다. 그리고 지금은 비트코인의 지위를 위협할 정도로 성장했습니다.

2. 자율 분산형 투자 펀드 DAO란?

───── 새로운 유형의 투자 펀드로 주목을 받은 자율 분산형 투자 펀드 DAO이지만, 해킹 취약성이 드러났습니다. 그 결과, 해킹 이전의 거래를 무효로 한 '이더리움'과 유효를 유지한 '이더리움 클래식'으로 분열됩니다.

이더리움은 스마트 계약을 실현하는 플랫폼에 지나지 않아, 이더리움을 이용해 개발한 다양한 애플리케이션을 통해 새로운 서비스가 속속 등장하게 됩니다. 그중에서도 가장 먼저 주목받은 것은 자율 분산형 투자 펀드로 2016년에 화려하게 등장한 'DAO'였습니다.

투자의 민주화로 인기를 끈 DAO

DAO는 'Decentralized Autonomous Organization'의 줄임말로, '탈중앙화된 자율 조직'을 의미합니다. 이는 조직의 수장이 하향식으로 방침을 정하는 중앙집권형 조직이 아니라 자율적이고 독립적인 개인이 모여 의사결정을 하는, 즉 인터넷을 이용해 집단 지성을 모으는 새로운 유형의 조직을 나타냅니다. 이 탈중앙화된 자율 조직 사고방식을 투자 세계에 적용한 것이 투자 펀드 DAO였습니다.

기존 투자 펀드에서는 자산운용 책임자가 포트폴리오를 구성해 운용합니다. 그러다 보니 매니저의 운용 능력에 투자하는 것이 그때까지의 펀드 상식이었습니다. 그러므로 운용 실적이 좋은 자산운용 책임자는 놀랄 정도의 높은 연봉을 받는 한편, 개인 투자자는 감당할 수 없을 정도의 큰 금액 탓에 펀드에 출자하기가 무척 어려웠습니다.

그런데 자율 분산형 투자 펀드 DAO에서는 투자자 전원의 투표로 투자할 곳을 정합니다. 전문가의 '이성과 감각'에 의존하지 않고 참가자 전원의 집단 지성으로 투자할 곳을 결정하는 것입니다. 미공개 스타트업 성장에 투자하는 벤처 캐피털의 기능과 소액 투자자를 널리 모집하여 자금을 조달하는 크라우드 펀딩의 기능을 하나로 합치고 자금은 전용 DAO 토큰으로 이동하는 구조입니다.

DAO 토큰을 보유하려면 이더를 사야 하는데, 이때 비율은 '1ETH = 100DAO'로 고정입니다. 미국 달러나 한국 원이 아닌 '이더'를 사용하는 것은 송금 비용을 아끼기 위해서입니다. 발표 직후부터 화제를 모았는데, ICO(새로운 통화 예약 발행으로 자금 조달)로 50만 달러 공모에 1억 6천만 달러의 자금이 모였던 DAO의 영향으로 이더 가격도 급상승했습니다.

예측할 수 없는 벤처 투자

애당초 주식 공개 전인 스타트업 투자는 도박과 닮은 측면이 있습니다. 실제로 어느 회사가 성장할지는 전문가도 정확하게 예측하기 어렵습니다.

그러므로 창업한 지 얼마 지나지 않은 스타트업에 투자하여 기업가를 지원하는 액셀러레이터로 잘 알려진 '와이 콤비네이터Y Combinator'는 몇 곳을 선택해 2만 달러가량의 소액을 출자하여 경쟁하도록 하고 결과적으로 한 곳이나 두 곳이 큰 성공을 거두면 돈을 버는 투자 모델을 채용합니다. 온라인 저장소 '드롭박스Dropbox'나 숙박 매칭 서비스 '에어비앤비Airbnb'처럼 몇 년에 한 번씩 투자한 곳이 대박을 터뜨린다면 그것만으로도 모든 투자를 회수할 수 있기 때문입니다.

DAO도 어차피 성공 확률을 알 수 없다는 점을 전제로, 처음에는 넓은 범위를 대상으로 하다가 시간이 흐를수록 성공 확률이 높은 회사에는 출자를 늘리고, 낮은 곳은 투자를 줄입니다. 이 판단을 참가자 전원의 집단 지성으로 시스템화하여 수행한다는 점이 획기적입니다.

스마트 계약에 따라 일정 조건을 만족한 다음의 행동은 모두 자동화하므로 자산운용 책임자가 없는 '자본주의의 새로운 형태'라며 많은 사람의 관심을 받았습니다.

DAO 해킹 사건과 이더리움 분열

그러다 2016년 6월, 사건이 발생합니다. DAO가 해킹을 당해 총액 3,600만 ETH가 사라진 것입니다. ICO로 시선을 끌고 1억 6천만 달러의 자금을 공모한 DAO였으나 그중 8천만 달러어치를 해커가 갖고 달아났습니다. 물론 이더리움 가격도 폭락했습니다. 이런 와중에 사라진 8천만 달러를 해커로부터 돌려받은 화이트 해커가 등장하는 등 사이버 공간에서는 8천만 달러 쟁탈전이 벌어졌습니다.

8천만 달러를 잃은 건 DAO만의 문제가 아니라 플랫폼인 이더리움에도 문제가 있는 것 아니냐는 주장에 이더리움 운용 측이 모여 논의를 합니다. 그 결과, 원래는 하지 말았어야 할 "해당 거래를 없었던 것으로 한다"라는 결정을 내립니다.

여기서 떠올려야 하는 것이 블록체인은 '거래 기록'을 하나로 연결한 사슬 모양이라는 특징으로, 이 덕분에 나중에 위조하거나 변조할 수 없으며 이것이 신용으로 이어진다는 사실입니다. 그런데 "해당 거래를 없었던 것으로 한다", 즉 문제가 된 거래 바로 앞에서 시간을 멈추고 그 이전 상황으로 되돌리면 된다고 직접 결정해 버린 것입니다.

그 결과, 원래 분기하지 않아야 할 블록체인을 분기하여(블록체인을 분기하는 것을 하드포크라고 합니다) 특정 시점을 기준으로 이후 다시 기록한 블록체인에 연결한 이더리움, 그리고 다시 기록하기 이전의 블록체인에 연결하는 이더리움(이를 '이더리움 클래식'이라 부릅니다. 통화 단위는 ETC), 이렇게 2가지 이더리움이 동시에 존재하게 됩니다. 이야말로 패러렐 월드, 평행 우주와 같은 상태입니다.

문제를 더욱 복잡하게 한 것은 하드포크 방침을 정한 방식이었습니다. 중앙에서 누군가가 관리하지 않고 모두에게 분산하는 것이 블록체인 사상이므로 신용을 담보할 수 있었는데, 극소수의 운영자가 결정하는 바람에 이에 반발하는 사람이 생겼습니다. 중앙집권적인 결정 방식이 싫었던 사람은 이더리움 클래식을 지지했고, 이번 사건을 계기로 더는 문제가 일어나지 않도록 수정이 불가피하다고 주장하는 사람은 새로운 이더리움을 지지하는 등 업계가 둘로 나뉘는 큰 소동이 일었습니다.

이더리움과 이더리움 클래식의 주도권 다툼

처음에는 이더리움사가 원래 블록은 누구도 관여하지 않으므로 가치가 없다고 방치한 탓에 이더리움 클래식의 가치는 거의 0에 가까웠으나 갑자기 대형 거래소가 이더리움 클래식을 취급하기 시작하자 가격이 다시 오르기 시작했습니다.

일단 가격이 오르기 시작하면 5천 원, 1만 원, 2만 원으로 이어지는 세계이다 보니 이를 계기로 ETC가 부활했습니다. 가격이 오르면 채굴할 동기도 생기고, 이더리움 클래식을 취급했으면 좋겠다는 이용자의 목소리도 늘자 거래소로서 취급하지 않을 이유가 없었습니다.

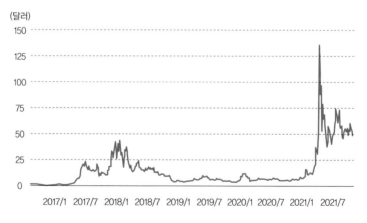

출처 : https://www.coingecko.com

그림 22 **이더리움 클래식 가격 변화**

이상론과 눈앞의 돈, 어느 쪽을 택할지 묻는다면 눈앞의 돈을 택하는 것이 인지상정이므로 가격이 비싼 쪽으로 채굴업자가 모이는 것은 당연합니다. 그렇지만 분열 소동의 혼란이 진정되자 이더리움 클래식을 지지하는 사람은 줄고 가격도 오랫동안 0 근처에 머물렀습니다. 이 책의 초판을 집필하던 시점(2021년 11월)에는 사정이 조금 달라져 '1ETC = 50달러' 전후였습니다. 이더리움이 '1ETH = 4,000달러'인 것에 비하면 상당한 차이가 있습니다.

3. 탈중앙화 금융 DeFi란?

───── 이른바 거래소를 거치지 않고 프로그램을 이용하여 자동으로 빌릴 쪽과 빌려줄 쪽을 이어주는 매칭 서비스를 '탈중앙화 금융DeFi'이라고 하며, 장기 보유 중인 코인을 빌려주고 이자를 얻는 '렌딩'이 이용자의 인기를 얻는 중입니다.

2020년에는 탈중앙화 금융 'DeFi'가 큰 인기를 끌었습니다. 거래를 중개하지 않는 DeFi는 'Decentralized Finance'의 줄임말로, 말 그대로 '중앙집권이 아닌 금융'을 뜻하는 이더리움 플랫폼 서비스를 말합니다.

DeFi가 무엇인지 이해하려면 먼저 가상 통화를 빌리고 빌려주는 '렌딩'부터 알아야 합니다.

공매도와 주식 대차

주식 투자의 기본은 '쌀 때 사서 비쌀 때 파는 것'으로, 주가가 오른 만큼 그 차액이 수익이 됩니다. 100원에 샀던 주식을 120원에 팔면 20원을 번다는 뜻입니다. 그러나 이뿐만 아니라 주가가 내릴 때도 돈을 버는 방법이 있습니다. 이것이 '빌린 주식을 비쌀 때 팔고 쌀 때 갚는' 방법으로, '공매도(쇼트)'라고 부릅니다(파는 것은 어디까지나 빌린 주식으로, 가진 현물 주식은 없음).

증권 회사에서 빌린 주식을 100원에 팔고, 반년 후 주가가 80원으로 내렸을 때 같은 수량의 주식을 사서 이를 증권 회사에 돌려주면 차액 20원(증권 회사에 줄 이자 1원을 뺀 19원)이 수익이 되는 원리입니다(쉽게 설명하고자 이야기를 단순화했습니다).

이때 증권 회사는 투자가에게 빌려줄 주식을 어디서 구할까요? 바로 주식을 가진 사람으로부터 미리 빌려둔 것입니다. 앞의 예를 다시 보면, 투자가로부터 이자 0.1원으로 주식을 빌리고, 이 주식을 다른 투자가에게 이자 1원으로 빌려주면 차액 0.9원이 증권 회사의 몫이 됩니다(단순화한 이야기입니다).

장기 보유 중인 코인을 빌려주는 렌딩

가상 통화 투자에도 같은 원리를 도입했습니다. 즉, 암호자산 시장이 성장하고 비트코인이나 그 밖의 알트코인을 산 사람은 점점 늘지만, 많은 사람이 산 코인을 그대로 가지고만 있을 뿐입니다. 비트코인이나 이더리움 등 일부 대형 코인은 일시적으로 내려가기는 해도 긴 안목으로 보면 계속 상승했으므로, '가격이 오를 테니 팔지 말고 그냥 보유하는 편이 이득'이라고 생각하는 사람이 많습니다.

그런데 비트코인이나 이더리움을 보유하기만 해서는 돈을 벌지 못합니다. 정확히 말하면 가격이 올라 '미실현 이익'이 아무리 늘더라도 팔아서 이익을 실현할 때까지는 '미실현 이익'을 손에 넣을 수는 없기 때문입니다. 팔지 않고 보유하기만 한다면 투자한 1천만 원(과 미실현 이익 5천만 원)은 여전히 잠긴 상태입니다. 그 천만 원(+5천만 원)이 지금 손에 있다면 다른 자산에 투자할 수 있는데 아쉬워하지만, 그렇게는 할 수 없습니다. 모처럼 산 코인도 팔지 않고 갖고 있기만 해서는 아깝습니다.

이렇게 생각하는 사람이 많아지자 가상 통화 세계에도 코인을 빌려주는 렌딩 서비스가 등장합니다. 코인을 가진 사람이 볼 때 어차피 팔지 않고 오랫동안 가지고만 있을 거라면 잠시 빌려주고 조금이나마 이자를 벌고 싶을 겁니다. 한편, 코인을 빌리는 쪽은 외환 거래처럼 레버리지를 이용해 가진 코인 이상으로 '신용 거래'를 하는 사람입니다. 자신에게 없는 만큼의 코인을 누군가에게 빌려야 하기 때문입니다.

이에 주식 투자의 증권 회사처럼 암호자산 거래소 등이 코인을 가진 사람에게 이를 빌린 다음, 이 코인을 다른 사람에게 빌려주고 그 차액을 수익으로 가집니다.

관리자 없이 프로그램으로 이용자를 직접 연결

앞서 본 예에서는 중개하는 거래소가 코인을 빌려주고 싶은 사람과 빌리고 싶은 사람을 연결하는 매칭 서비스 역할을 담당합니다. 그러나 블록체인은 애당초 P2P로 이용자를 직접 연결하므로 사이에 낄 중개업자도, 중앙에서 제어할 조직도 없는 '비중앙집권형 = 분산형' 기술입니다. 그러므로 가상 통화 렌딩 서비스에서도 중개업자 없이 이용자끼리 직접 연결하는 '비중앙집권형 = 분산형' 서비스가 나오기를 바랐습니다. 그래서 등장한 것이 'DeFi'입니다.

DeFi가 가능했던 것은 스마트 계약 덕분입니다. 미리 정한 계산식으로 수급 균형에 따라 대출 이율을 실시간으로 자동 설정하고, 코인 대출 과정을 자동으로 수행하므로 관리자가 필요 없습니다. 모든 것을 프로그램으로 자동 실행하는 스마트 계약의 진정한 면이 드러나는 장면이라 할 수 있습니다.

지금까지 살펴본 내용을 요약하면, DeFi란 '코인을 빌려주고 싶은 사람과 빌리고 싶은 사람을 전자동 프로그램으로 직접 연결하는 서비스'라 할 수 있습니다.

DeFi? CeFi?

DeFi에는 관리자나 중개자가 없으므로 누군가가 마음대로 운용할 염려도 없고, 수수료나 비용도 거의 들지 않습니다. 또한 블록체인을 통해 모든 거래 기록을 공개할 뿐 아니라 시스템의 신뢰성을 높이고자 프로그램 소스 코드도 공개하므로 매우 투명합니다.

"사람과 알고리즘 중 어느 쪽을 믿나요?"라고 물었을 때 '사람'이라고 대답하는 사람이 많다면 일부만 DeFi를 이용하는 데 그칠지도 모릅니다. 그러나 언젠가 "사람보다 알고리즘을 더 믿습니다"라고 대답하는 사람이 더 많은 날이 올 겁니다. 그날이 오면 DeFi는 기존의 금융 서비스를 파괴하고^{destructive} 거대한 시장을 이룰지도 모릅니다.

덧붙여, 돈을 빌려주는 사람과 빌리는 사람을 중개하여 돈을 융통하는 종래의 금융 서비스를 '중앙화 금융^{Centralized Finance, CeFi}'이라 합니다. 거래소가 중간에 개입하는 렌딩 서비스 역시 CeFi의 하나로 볼 수 있습니다.

DEX란?

DeFi 애플리케이션으로는 컴파운드Compound나 유니스왑Uniswap이 유명합니다. 모두 관리자가 없는 '분산형 거래소Decentralized EXchange, DEX'로, 프로그램을 이용해 가상 통화 거래를 자동으로 수행합니다.

보통 거래소에서는 이용자가 먼저 원이나 달러 등을 입금하고 코인 매매를 시작하는 게 일반적이나 이 자산을 거래소에 맡긴 채 그냥 두는 사람도 많습니다. 이와 달리 DEX에서는 자기 자산은 자신이 지키는 것을 기본 자세로, 이용자는 자기 전자 지갑으로 직접 거래합니다. DEX는 프로그램을 이용하여 코인끼리 거래할 수 있는 장소만 제공합니다.

보통의 거래소라면 거래소가 도산하면 맡긴 자산을 회수할 수 없는 가능성도 있으나 DEX에서는 애당초 자산을 맡기지 않으므로 그런 걱정은 하지 않아도 됩니다(단, 비밀 키를 직접 관리하므로 별도의 수고나 위험이 발생합니다). 게다가 DEX는 DeFi와 마찬가지로 사람이 개입하지 않으므로 아주 낮은 비용으로 이용할 수 있습니다. DEX에 계좌를 열 때는 본인 확인Know Your Customer, KYC도 필요 없습니다.

이런 이유로 일본에서는 DEX를 암호자산 교환 업자로 등록할 수 없습니다. 이처럼 법률 규제가 없다 보니 다루는 코인에도 제한이 없고, 본 적도 들은 적도 없는 코인뿐만 아니라 매우 위험한 코인도 많습니다. 모든 것이 자기 책임 하에 이루어지는 세계이기 때문입니다.

독자적인 토큰은 DeFi 거품의 발생원?

여기서는 방향을 바꾸어 코인을 사고자 하는 이용자가 아니라 새로이 코인을 발행해 돈을 벌고 싶은 사람의 관점에서 DeFi를 살펴봅시다. 예를 들어, 직접 프로그래밍하여 '사이 코인'을 발행했다고 합시다. 가능한 많은 이용자가 사도록 하고자 거래소에 "사이 코인을 다루어 주세요"라고 부탁하게 될 텐데, 나라마다 규제가 다양한 탓에 좀처럼 다루지 않으려 합니다. "10년 후라면 다룰 수 있을지도 모르겠네요"라며 무관심한 대답을 듣고는 "그만둘래"라며 포기하더라도 그리 이상한 이야기는 아닙니다.

그러나 DeFi라면 언제든 다룰 수 있습니다. 심사든 뭐든 아무것도 없으므로 코드를 작성하고 등록하면 바로 판매할 수 있습니다. 그러나 단지 등록하기만 해서는 누구도 사지 않습니다. 이에 "이더를 맡겨준다면 대신 사이 코인을 주되 이자는 20%로 할게요"라는 광고로 이용자에게 호소합니다. 그럼 사이 코인은 잘 몰라도 이자에 끌린 이용자가 모입니다. 갑자기 엄청난 인기를 누린다는 신데 렐라 이야기도 꿈은 아닙니다.

이는 컴파운드나 유니스왑에서 실제로 일어났던 일이기도 합 니다. '이더를 맡기면 토큰을 받는다.' '그 토큰 가격이 오른다'라고 연상하게 되면서 수많은 이용자가 모인 결과, 컴파운드의 'COMP' 토큰이나 유니스왑의 'UNI' 토큰은 한순간에 인기 코인과 어깨를 나란히 하게 됩니다.

4. 자금 조달 방법인 ICO, IEO, STO란?

———— 토큰을 발행하여 일반 이용자의 투자금을 모으는 ICO는 이전과는 다른 혁신적인 자금 조달 방법으로 시선을 끌었습니다. 그러나 규칙이 없다는 것을 악용하는 사람이 계속 생기자 결국 거품이 터졌고, 증권 규칙을 적용한 STO, 거래소가 관여하는 IEO가 탄생하게 됩니다.

지금도 이더리움 플랫폼에서는 스마트 계약을 사용한 토큰의 신규 발행을 통해 자금을 조달합니다. 이 방법이 등장한 초기에는 'ICO'라 불리며 이전에 볼 수 없었던 유행을 누렸습니다.

'코인 신규 공모 Initial Coin Offering, ICO'는 '기업 공개로 주식 신규 공모 Initial Public Offering, IPO'와 비슷하다는 점에서도 알 수 있듯이 새로운 코인(토큰)을 시장에 내다 파는(공모하는) 것으로, 자금을 조달하는 하나의 방법입니다. 벤처 캐피털처럼 일부의 전문 투자가가 출자하는 것이 아니라 일반 투자가를 널리 공모하여 자금을 모으다 보니 코인(토큰)을 파는 쪽과 이용자를 직접 연결하는 방법으로도 주목을 받았습니다.

입구에서 자금을 모으는 ICO와 출구 전략인 IPO

그러나 이 2가지에는 결정적인 차이가 있습니다. IPO는 성장한 스타트업이 다음 단계로 발돋움하는 통과의례 중 하나입니다. 주식 시장에 상장하면 창업 때나 성장 중에 출자하여 서포팅해 준 엔젤 투자가나 벤처 캐피털에 보답할 수 있을 뿐만 아니라 주주 구성도 크게 달라지고 상장 심사를 통과하면 사회적인 신용도 얻을 수 있습니다. 주식 공모에 따라 주주 수가 한순간에 늘고 이해관계자도 많아지므로 더 공개적으로 public 된다고 할 수 있습니다.

이와 함께 스타트업을 시작하는 창업자나 미상장 기업에 투자하는 벤처 캐피털로서는 신규 공모 주식에 비싼 값이 매겨진다면 소유한 주식 전부 또는 일부를 매각하여 그때까지 투자한 돈의 몇십 배, 몇백 배 수익을 올릴 수 있으므로 투자금을 쉽게 회수할 수 있습니다. IPO를 '출구 전략'이라 부르는 것은 이 때문입니다.

최근에는 주식 시장에 신규 공모(상장)하기에 앞서 빅테크 기업이 매수하는 예도 늘었으나 이때도 투자한 자금을 회수한다는 뜻에서는 마찬가지로 '출구 전략'의 하나라고 할 수 있습니다. 이와 달리 ICO는 사업이 성장해 다음 단계로 나아가는 '출구' 단계에서 내다 파는 방법이 아닙니다. 오히려 지금부터 사업을 시작하고 싶은 사람이 토큰을 내다 팔아 자금을 모으므로 '입구' 단계에서 자금을 조달하는 방법이라 할 수 있습니다. 이 차이를 이해하지 못한 채 투자한 사람이라면 큰 낭패를 볼지도 모릅니다.

ICO는 '미래'를 바라본 투자

ICO에서는 매출이나 사업 실적 등 아무것도 없는 상태에서 "우리에게는 이런 아이디어가 있습니다", "이 과제를 이렇게 풀겠습니다", "원리는 이러하고 이러이러한 시스템으로 개발합니다", "시장 규모는 이 정도이고 이런 방향으로 성장할 계획입니다", "그중 토큰의 역할은 이렇습니다", "조달한 자금은 이렇게 사용하겠습니다"라고 선언한 다음, 백서 white paper라 부르는 서류에 정리하면 이를 읽은 사람이 토큰을 살지 판단합니다. 즉, 사업의 담보가 아무것도 없는 상태에서 토큰을 발행하는 쪽이 그리는 '미래'에 투자하는 것이 ICO입니다.

그러나 반드시 상상하는 대로 미래가 펼쳐지지는 않습니다. 오히려 대부분 애초 생각과는 다른 미래일 겁니다. 그러기에 창업 전 육성 단계나 창업 직후 스타트업에 투자한다는 것은 '맞을 수도, 빗

나갈 수도 있는 도박'과도 같은 것입니다.

생겨난 스타트업 중 많은 곳이 결국 도태할 운명입니다. 물론, 실적이 견실한 중소 벤처로 살아남은 기업도 있으며 규모는 작으나 착실히 사업을 이어가는 벤처도 있지만, IPO나 인수합병을 통한 매각 등 확실한 '출구' 단계에 도착한 기업은 극히 일부에 지나지 않습니다. 그러므로 스타트업에 대한 투자는 대부분 회수하지 못하고 극히 일부 대성공을 거둔 벤처가 출현한 덕분에 다른 모든 적자를 메우고, 전체적으로 볼 때 흑자가 되는 '고위험 고수익high risk high return'입니다.

천 개 중 3곳 정도만 성공한다고 할 정도로 미래 큰 성공을 이룰 스타트업을 꿰뚫어 본다는 것은 전문가에게도 어려운 일입니다. 그러기에 스타트업에 대한 투자는 얕고 넓은 것이 기본 전략으로, 먼저 그물을 넓게 던지고 전망이 있어 보이는 기업으로 서서히 좁히면서 그곳에 큰 금액을 투자하는 것입니다(성장 단계에 따라 출자하는 사람도, 금액도 달라지는 게 일반적입니다).

고위험 고수익 시장에
왜 초보 투자자가 쇄도할까?

ICO에서는 "가상 통화는 돈이 된다"라는 소문을 들은 일반 이용자(즉, 대부분 초보 투자가)가 옥석이 뒤섞인, 어디가 성공할 것인지 아무도 모르는 고위험 고수익 토큰 시장에 모여들었습니다. 그 결과 어떤 일이 벌어졌을까요? 바로 ICO 거품과 붕괴입니다.

원래 ICO는 "특정한 사회적 과제를 해결하는 사업을 시작하고 싶으니 이 취지에 공감한다면 토큰 구매로 응원해 주세요. 이렇게 모인 자금으로 사회적 사명을 다하겠습니다"라는 약속으로 성립합니다. 그런데 너무 빠르게, 급속히 큰돈이 흘러들어오다 보니 애초의 이상은 온데간데없고 사기와 마찬가지인 사태가 벌어집니다. 즉, ICO라는 간판만 걸면 돈이 들어오므로 이를 악용할 사람에게는 좋은 먹잇감이었습니다.

ICO라는 이름만으로도 내용은 제대로 보지 않고 돈만 모이다 보니 엉터리로 전망한 탓에 도중에 무너진 프로젝트나 애당초 프로젝트조차 없이 처음부터 속일 생각으로 시작하는 것도 많았습니다. 착실하게 사업을 일으키기보다는 재빨리 토큰을 발행하는 편이 돈이 되었던 것입니다.

그 결과, 발행한 백서는 그럴싸한 말로 가득할 뿐, 무에서 유를 창조하는 '연금술'이나 써도 써도 재물이 줄지 않는 '화수분'이라는 비아냥이 꼬리표처럼 ICO를 따라다녔습니다. 이러한 사실이 알려지자 결국 투자자의 열기도 식고 거품도 한순간에 붕괴됐습니다.

거품 붕괴에도 여전한 ICO의 혁신성

시장이 성숙하기 전에 거액의 자금이 흘러들어 실제 이상으로 부푼 거품이 끼고 이것이 붕괴한 것은 불행한 일이지만, ICO의 혁신성은 달라지지 않았습니다. ICO가 혁신적이었던 것은 엔젤 투자가나 벤처 캐피털에 아는 사람이 없어도, 증권 회사 심사를 거쳐 증권 거래소나 나스닥 시장에 상장하지 않아도, 원한다면 누구라도 간단하게 자금을 조달할 수 있다는 점과 그 방법이 일반인에게도 널리 열려 있다는 점입니다.

ICO에서는 토큰을 발행하고 그 대신 이더를 받는 일련의 과정을 스마트 계약으로 모두 자동화하여 사람이 개입하지 않고도 실행할 수 있습니다. 이에 따라 자금 조달 방법을 '효율화'하고 누구든 사용할 수 있는 '민주화'를 이루었습니다. 이는 전혀 과장되지 않은 사실입니다.

이를 이용자의 눈으로 다시 본다면, 지금까지 전문 투자가만 입수할 수 있었던 미상장 스타트업 정보가 널리 공개되어 직접 눈으로 보고 선택하여 투자할 수 있게 되었다는 뜻입니다. 두말할 것도 없는 투자의 '민주화'입니다.

실제로 ICO로 충분한 자금을 얻어 사업을 궤도에 올린 회사도 있습니다. 무엇보다 ICO의 플랫폼이 된 이더리움 그 자체도 처음으로 거슬러 오르면 ICO를 이용해 조달한 자금으로 기초를 마련하여 오늘날에 이르렀음을 알 수 있습니다.

주식이나 회사채를 토큰으로 만든 'STO'

그렇다면 ICO는 무엇이 문제였을까요? 이는 갑자기 등장해 일순간에 널리 퍼진 ICO의 속도를 규칙 제정 속도가 전혀 따라가지 못했기 때문입니다. 즉, 당시 ICO 시장은 법률 밖에 놓인 '무법 지대'였던 것입니다. 그러다 보니 투자가를 보호할 장치가 전혀 없어 사기와 다름없는 토큰에 속아서 사더라도 이를 구제할 방법도, 속인 사람을 처벌할 수단도 없었습니다.

이는 기술 문제가 아니라 순수하게 제도 문제입니다. 그렇다면 규칙을 정비하면 해결될 일입니다. 한 가지 생각은 새로이 발행한 토큰은 실질적으로 '주식'과 같으므로 주식과 마찬가지 규칙을 적용하려는 것으로, 이를 '증권형 토큰 발행Security Token Offering, STO'라 부릅니다. security가 '유가증권'이라는 뜻이므로 주식이나 회사채와 마찬가지로 '유가증권' 법률에 따라 토큰을 발행합니다.

투자자 보호 면에서는 법률에 따른 엄격한 심사에 합격하지 않으면 발행할 수 없는 STO는 확실히 다른 증권만큼 안전하다고 할 수 있습니다. 그러나 이것만으로는 '누구든 간단하게 발행할 수 있다'라는 ICO의 최대 장점을 발휘할 수 없습니다. 주식이나 회사채를 발행할 수 있는 것은 수고와 비용을 들여 이러한 체제를 갖춘 기업 조직뿐으로, 개인 수준에서는 도저히 손을 댈 수 없기 때문입니다.

이런 뜻에서 STO는 오히려 이전부터 있던 주식이나 회사채, 부동산 투자 신탁 리츠REITs 등의 유가증권을 블록체인으로 다룰 수 있는 토큰 형태로 발행할 수 있는 장치로, ICO로 자금 조달을 생각했던 사람을 대상으로 한 것은 아닙니다.

거래소가 토큰 발행까지 지원하는 'IEO'

이렇게까지 하기에는 너무 심하다는 생각에서 출발한 것이 '거래소를 통한 공모Initial Exchange Offering, IEO'입니다. exchange가 거래소(교환소)를 뜻하므로 발행한 토큰을 다룰 거래소가 정해진 규칙에 따라 발행하되 발행할 사람의 상황은 거래소가 확인하도록 합니다.

거래소(암호자산 교환 업자)는 국가의 법률에 따라 등록하므로 법률을 벗어난 행위는 할 수 없습니다. 이런 거래소가 토큰 발행 측면에서 지원하면 발행하는 곳에도 해당 규칙을 적용하는 것과 마찬가지입니다.

발행한 토큰이 사기라면 거래소 신용도 손상되므로 심사가 느

순해질 염려는 없습니다. 계획한 대로 프로젝트가 시작했는지 모니터링하면서 이와 동시에 신규 토큰 공모를 진행하는 구조로, 주식 상장 심사처럼 엄격하지는 않지만, 발행 주체에 맡긴 채 내버려두는 일은 없습니다. 요컨대, 무법 지대였던 ICO와 엄격한 법의 규제로 자유를 잃었던 STO의 중간이 IEO라고 할 수 있습니다.

단, IEO에서는 거래소를 거쳐 토큰을 발행하므로 ICO처럼 전 세계 어느 곳에서 누구라도 살 수 있는 것은 아닙니다.

지명도 향상, 지지자 확보, 커뮤니티 만들기를 한 번에

이렇게 규칙을 정비하자 문제투성이였던 ICO도 세상의 기준을 따르는 형태를 갖추게 됩니다. 자금이 필요한 사람이 볼 때 기존 자본 시장에서 자금을 조달하기란 쉽지 않은 일입니다. 벤처 캐피털 등 특정 상대로부터 출자를 받는 제삼자 배정 방식 증자를 하려 해도 이미 규칙이 정해져서 하면 할수록 복잡하고 드는 수고와 비용도 만만치 않습니다.

이에 비하면 IEO는 부담이 적습니다. 게다가 IEO라면 일반 이용자를 대상으로 자금을 모을 수 있으므로 지명도 향상, 지지자 확보, 커뮤니티 만들기를 동시에 추구할 수 있습니다. 일견 자금 조달 이상으로 가치가 있는 것일지 모릅니다.

이와 달리 제삼자 배정 방식 증자로 벤처 캐피털이나 펀드가 들어온다고 해도 이용자가 느는 것은 아닙니다. 어디까지나 비즈니스 파트너일 뿐입니다. 오히려 경영 발언권이 강한 주주가 생기는 것으로, 자유롭게 하고 싶은 사람에게는 이러지도 저러지도 못하는 상태일지도 모릅니다.

지지하고자 돈을 내는 후원자는 얼마든지 있다

ICO, IEO와 마찬가지로 일반 이용자의 후원으로 이루어지는 자금 조달 방법인 '크라우드 펀딩'도 널리 알려졌습니다. 특정 사업 아이디어나 제품 프로토타입(무언가 제품을 만드는 과정에서 시험용으로 미리 만들어보는 물건—옮긴이 주)을 공개하고, 이에 관심이 있는 사람이 일정 금액을 기부하면 그에 따라 특전이나 완성품을 주는 방법입니다.

단순한 제조업 크라우드 펀딩은 공표한 아이디어나 프로토타입을 바탕으로 비슷한 제품을 먼저 만드는 업자가 속속 등장하는 바람에 색이 바랬지만, 흉내 낼 수 없는 독특한 무언가(예를 들어, 영화나 무대, 이벤트 제작, 복구 지원, 특정 장소와 이어진 건축물이나 기념물 등)라면 자금 조달뿐 아니라 지지자의 힘을 모아 커뮤니티를 키우는 수단으로도 널리 이용됩니다.

이미 지지자 커뮤니티가 있는 곳에서 자금을 모아 지지자와의 일체감을 키우고 싶다면 IEO 역시 무척 도움이 되는 도구일 겁니다. 회사 단위가 아니더라도 커뮤니티 단위로 지지자나 참여자에게 직접 호소하여 응원의 목소리를 모을 수 있습니다. 기존의 자금 조달 계획이었다면 '법인이어야 한다', '법인 대표의 결제가 있어야 한다' 등 까다로운 조건으로 손도 대지 못했을 사람에게 새로운 선택지를 제공한다는 것, 이것이 바로 IEO의 역할이 아닐까요?

실패하더라도 즉시 수정해 다시 나아간다는 데 의미가 있다

ICO 거품이 붕괴했을 때 "그럴 줄 알았어. 수상한 암호자산 따위에 손을 대니까 그런 일에 휘말리는 거야"라며 고소하다는 듯 조롱했던 사람도 있었을 겁니다. 그러나 다양한 욕망이 한데 모여 플러스와 마이너스, 부정과 긍정 사이를 오고 가지만, 그런데도 힘차게 앞으로 나아가는 것이 자본주의의 역동성입니다.

하지도 않고 부정만 해서는 아무 일도 일어나지 않습니다. 일단 해보고, 실패하더라도(새로운 도전에는 항상 실패가 따릅니다.) 궤도를 수정하고 다시 나아가면 됩니다. 현실 역시 이렇게 움직였으므로 혁신이 생기고 경제가 돌고 세상이 풍요로워진 것입니다.

　규칙에 앞서 먼저 행동한 사람이 승리해야 경쟁에서 비롯된 과실을 알 수 있습니다. 즉, 잘 안 된다는 것을 확인하고 나서 규칙을 정비해도 늦지 않습니다. 너무 엄격한 규칙은 혁신의 싹조차 자르는 등 오히려 경쟁의 방해물이 되기도 하니까요.

5. 대체 불가능한 토큰 'NFT'란?

─────── 디지털 예술이나 콘텐츠 창작자에게는 다른 것으로 대신할 수
없는 유일한 토큰인 'NFT'가 새로운 수입원이 될 수 있습니다.
활동을 응원한 지지자의 직접 '후원'으로도 이어지므로 커뮤
니티가 활성화되면 이곳에 '경제권'이 생깁니다.

　

비트코인에서 시작한 블록체인 기술은 스마트 계약을 구현한
이더리움 플랫폼 등장으로, 결국 그 대상을 가상 통화에서 창작 영
역으로 확대합니다. 디지털 콘텐츠나 디지털 예술 분야의 구세주
로도 여겨지는 '대체 불가능한 토큰NFT'이란 무엇일까요? 5장을 마
무리하는 주제로, 화젯거리인 NFT를 자세하게 알아봅니다.

NFT는 유일무이의 '하나뿐인 것'

NFT^{Non-Fungible Token}는 이더리움 플랫폼에서 유일무이의 '하나뿐인 것'을 만드는 토큰입니다. NFT를 '대체 불가능한 토큰'이라 부르는 것은 그 어떤 것도 이를 대신할 수 없는 유일한 것이기 때문입니다.

NFT가 세상에 처음 등장한 것은 2017년 무렵입니다. '크립토펑크^{CryptoPunks}'에는 24×24픽셀의 저해상도 '도트 이미지'가 1만 점 있었는데, 각각은 서로 다른 캐릭터입니다. 이것이 단순한 도트 이미지 집합과 다른 점은 각 이미지의 '소유자'를 이더리움의 블록체인에 기록했다는 겁니다.

이 이미지는 일반 이용자를 대상으로 시장에 나왔는데, 이를 산

(위) 크립토펑크에 있는 24×24픽셀 이미지
(아래) 80억 원 이상에 팔린 Punk #7804

출처: CryptoPunks

사람이 되팔 수 있는 2차 유통 시장(마켓 플레이스)도 있습니다. 이미지는 각각이 서로 다른 '하나뿐인 것'으로, 1만 점밖에 없다는 희소성 때문에 이를 사서 자기 컬렉션에 넣으려는 사람도 생겼고, 산 이미지를 마켓 플레이스에서 다시 팔아 돈을 벌려는 사람도 나타났습니다.

그 누구의 것도 아닌, 자신만의 디지털 작품이라는 신기함과 함께 드디어 블록체인이 예술 세계까지 진출했다는 화제 덕분에 마켓 플레이스에서 거래되는 시장 가격은 점점 올랐습니다. 2021년 4월에는 단지 도트 이미지일 뿐인 그림 한 점이 4,200ETH(당시 비율로는 756만 달러)라는 가격으로 거래되어 엄청난 화제를 모았습니다.*

무작위로 생성한 유일무이 캐릭터

NFT를 주류로 끌어올린 것은 육성 게임인 '크립토키티Cryptokitties' 입니다. 이용자가 '디지털 고양이'를 기르고 번식시키면 새로운 고양이가 계속 생겨납니다. 이렇게 태어난 새로운 종류의 고양이는

* "이더리움의 '가장 오래된 NFT 프로젝트' CryptoPunks를 둘러싼 놀라운 열광", https://techcrunch.com/2021/04/08/the-cult-of-cryptopunks/

다른 고양이와는 조금씩 다른 유일무이한 존재가 됩니다.

가장 큰 특징은 번식을 정하는 유전 알고리즘을 이더리움의 스마트 계약으로 자동화했다는 점입니다. 무작위 조합으로 생겨난 고양이가 다른 고양이와 겹치지 않도록 처음부터 설계했던 것입니다. 자신만의 '하나뿐인' 고양이의 존재는 마침 2017년 ICO 거품을 좇아 모여든 투자가의 수집 욕구에 불을 붙였습니다. 수많은 투자자들이 일제히 대량으로 거래한 결과, 매매에 사용한 이더 처리 능력이 이를 따르지 못해 시장에 큰 혼란이 일 정도였습니다.

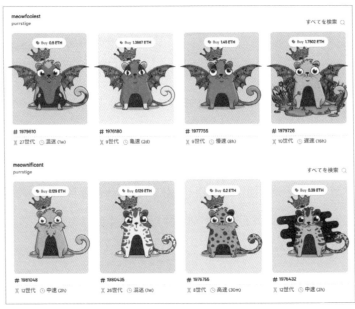

출처: https://www.cryptokitties.co

크립토키티에서 생겨난 새로운 종류의 고양이

크립토키티는 순조롭게 성장하여 세계적인 블록체인 게임 선구자가 되었습니다. 크립토키티를 운영하는 대퍼랩스Dapper Labs는 NBA 공인 NFT 트레이딩 카드 게임 'NBA 탑샷'에도 참여하는 등 블록체인 게임 업계의 유망주입니다.

다른 것과 구별되는 '고유한 것'

그런데 NFT가 뜻하는 '유일무이 토큰'이란 무슨 의미일까요? 비트코인을 비롯한 그 밖의 알트코인을 시작으로 이더리움 플랫폼에서 발행한 토큰에 이르기까지 블록체인을 이용한 다양한 코인은 '이 코인은 내 것'이라며 꺼내 보일 수 있는 게 아니었습니다.

거듭 이야기하지만, 블록체인은 "누가 누구에게 얼마를 보냈다"라는 거래(트랜잭션)를 기록한 원장에 지나지 않습니다. 즉, A가 1코인을 가졌다고 해도 이는 전체 코인 중 '1코인어치'를 누군가에게 보낼 권리가 있다는 것에 지나지 않으므로(그 권리를 행사할 때 사용하는 것이 '비밀 키'입니다) 해당 코인에 A의 이름을 따로 기록하지는 않습니다.

이와 달리 NFT는 이 세상에 단 하나뿐이라는, 유일무이를 나타내는 토큰이므로 "이 이미지는 내 것이야"라고 선언할 수 있습니다. 이 이미지와 저 이미지가 '다른 이미지'라는 것은 보기만 해도 알 수 있듯이 개별 이미지의 주인을 정한다 해도 전혀 이상하지 않습니다.

암호자산의 토큰이든 NFT의 토큰이든 모두 출발점은 0과 1로 표현된 디지털 데이터에 지나지 않습니다. 다른 점은 암호자산이 '사람에게 의미 없는 문자열'이라면 NFT는 '사람의 눈으로 인식할 수 있는 이미지로 변환한 문자열'이라는 것입니다.

그리고 '사람의 눈으로 인식할 수 있는 이미지'라면 작은 차이 역시 '사람의 눈으로 인식할 수 있을' 것입니다. 이 코인과 저 코인이 '서로 다른 코인'이라고 구분할 수 없는 것과는 달리 이 이미지와 저 이미지는 '서로 다른 이미지'라고 구분할 수 있습니다. 그러므로 NFT는 마찬가지 토큰이면서도 다른 것으로 대체할 수 없는 '고유한 것'이 됩니다.

공짜로 볼 수 있는데도 돈을 내는 까닭은?

NFT를 산 사람이 아무리 "이 이미지는 내 것이야"라고 주장하더라도 그 이미지를 다른 누군가가 보는 것까지 막을 수는 없습니다. 이미지는 디지털 데이터이므로 얼마든지 복사할 수 있는데, 그렇지 않고 산 사람만 볼 수 있다면 이 이미지를 인터넷에서 사고팔 수도 없기 때문입니다.

그러므로 유일무이한 NFT 이미지라도 보는 것은 대부분 '공짜(무료)'입니다. 그러면 공짜로 볼 수 있는데도 왜 돈을 낼까요? 이를 이해하려면 수집가의 마음을 알아야 합니다. 수집가는 '내가 이것을 가졌다'라는 사실에 큰 기쁨을 느낍니다. 부탁하면 언제든지 다른 사람이 가진 것을 볼 수 있다고 해서 '난 필요 없어', '난 원치 않아'라고 생각한다면 애당초 그 사람은 수집가가 아닙니다.

고가의 미술품 수집가도 큰돈을 들여 산 미술품을 미술관에 빌려주고 일반인에게 공개하는 경우가 드물지 않습니다. 그중에는 자기 집에 깊숙이 숨겨두고 누구의 눈에도 띄지 않도록 하는 광적인 애호가도 있지만, 모처럼 산 자신의 귀중한 수집품을 많은 사람이 보기를 바라는 사람도 많습니다.

'지지 대상'에게 던지는 '별풍선' 효과도

NFT는 특정 예술가나 창작가를 응원하려는 팬의 심리와 매우 잘 어울린다는 사실 역시 눈에 띄는 특징입니다. 주변에서 흔히 볼 수 있는 예가 인터넷 방송에서 자기가 좋아하는 사람에게 보내는 이른바 '별풍선'입니다. 인기 유튜버 라이브 방송에서 수천 원부터 수십만 원까지 슈퍼챗(유튜브가 제공하는 '별풍선' 기능)이 오가는 광경을 본 적이 있는 사람이라면 실감하리라고 생각합니다.

슈퍼챗은 '지지 대상'을 응원하는 마음을 '돈'으로 표현한 것입니다. '지지 대상'과 직접 이어질 수 있을 뿐 아니라 채팅으로 '지지 대상'으로부터 '고마움의 말'을 듣기도 하므로 팬 승인 욕구도 충족할 수 있습니다. 좋아하는 사람을 위해서라면 이 정도의 지출은 아까워하지 않는 게 팬의 마음입니다.

라이브 방송 서비스나 콘텐츠 제공 사이트에는 제공자(콘텐츠를 올린 사람)의 재능을 칭찬하려는 마음이나 콘텐츠를 제작하는 노력에 대한 감사의 마음을 표현할 수 있도록 다양한 상품이나 권리(제공자 주최 이벤트 참가 권리 등)를 살 수 있는 기능이 있기도 합니다.

여기서 산 상품이 시판 제품과 다른 '한정판'이라면 물론 기쁠 것이고, 다른 누구도 가지지 못한 '하나뿐인 것'이라면 더 기쁠 테니 비싸도 꼭 갖고 싶어하는 게 팬의 심리가 아닐까요? NFT는 이를 가능하게 합니다.

'NFT 가격'은 싼 걸까, 비싼 걸까?

이러한 '하나뿐인 것'의 가격은 '지지 대상'에 대한 충성도에 따라 얼마든지 달라질 수 있다는 것이 단순한 코인과의 결정적인 차이입니다.

코인 가격은 수요와 공급 균형에 따라 변하며 사고 싶은 사람이 많으면 많을수록 가격은 오릅니다. 그러나 NFT는 유동성이 큰지 작은지가 그리 큰 문제는 아닙니다. 이를 사고 싶은 사람이 설령 세상에 단 한 명뿐이더라도 그 사람이 '이 그림에는 천만 원의 가치가 있어'라고 생각한다면 가격은 천만 원입니다.

즉, 사고 싶은 사람이 많든 적든 단 하나의 가격이 매겨집니다. 유일무이한 NFT이기에 이런 방식의 거래가 이루어질 수 있습니다(단, 잠시 후 설명할 2차 유통 시장에서는 수요가 많을수록 가격이 오르는 경향이 있습니다).

옛날 동전이나 빈티지 포도주 역시 시장 원리에 따라 눈을 의심할 정도의 비싼 가격에 거래되기도 합니다. NFT도 이와 다르지 않습니다. 달리 말하면, 특정 NFT 작품에 누가 얼마를 낼지는 그 사람 마음입니다. 다른 사람이 이를 비판하거나 "당신이 속은 거예요"라며 자신은 잘 아는 듯 충고하는 것은 당사자가 볼 때는 그저 '쓸데없는 참견'에 지나지 않습니다.

2차 유통 시장의 딜레마

NFT 작품을 손에 넣은 사람은 이를 다른 사람에게 팔 수도 있습니다. 연예인이 직접 한 사인이나 운동선수가 특정 순간에 입었던 유니폼처럼 '하나뿐인 것'이라도 이를 팔고 싶은 사람과 사고 싶은 사람이 있다면 2차 유통 시장(마켓 플레이스)이 발달하는 것은 당연한 광경입니다.

그러나 '한정판'이나 '하나뿐인 상품'을 사고파는 2차 유통 시장이 성행하면 성행할수록 '되팔렘(희소가치가 높은 상품이나 티켓을 사재기하고 이를 다시 비싼 가격에 되파는 사람. 전매꾼)'이 생기는 것을 막을 수는 없습니다. 그렇지만 '싸게 사서 비싸게 파는 것'은 장사의 기본 중 기본이며 전매 자체는 현실 세계에서 얼마든지 볼 수 있는 현상에 지나지 않습니다.

문제가 되는 것은 작품이 높게 평가되어 2차 유통 시장에서 아무리 비싸게 팔리더라도 이 작품을 세상에 내놓은 창작자의 주머니에는 한 푼도 들어오지 않는다는 점입니다. 어떤 상품이든 마찬가지지만, '새 상품'을 샀을 때는 그 대금 일부가 판 사람에게 가고 나머지는 만든 사람(제조사나 창작자)의 손에 쥐어집니다. 그러나 일단 팔고 난 다음의 '중고품' 매매(2차 유통 시장)에서는 이를 시장에 내놓은 사람과 판매자가 나누어 가질 뿐, 제조사나 창작자에게 돌아가는 몫은 없습니다.

팬의 심리로 바라본다면 좋아하는 '지지 대상'의 상품이나 티켓은 손에 넣기 어려울수록 갖고 싶을 겁니다. 그런데 중고품(전매품)을 원래 가격의 5배, 10배에 산다고 하더라도 그 돈은 '지지 대상'에게는 전해지지 않고 '되팔렘'의 주머니에 들어갈 뿐이니, 여기에 딜레마가 있습니다.

2차 유통과 2차 창작 시장을 달굴 기폭제가 될 수도

그러나 NFT라면 이러한 딜레마를 해결할지도 모릅니다. NFT 를 가능하게 한 스마트 계약은 미리 '이러한 조건일 때 이렇게 행동한다'라고 정해 두면 이를 자동으로 실행하는 프로그램입니다. 그러므로 가령 "2차 유통 시장에서 매매했을 때는 창작자에게 대금의 ○%를 지급한다"라는 조건으로 프로그램을 만들어 중고품이 팔린 시점에 창작자에게 일정 금액이 가도록 하는 것은 그리 어렵지 않습니다.

이는 자기 작품이 중고 시장에서 거래되는 것을 좋지 않게 생각하던 창작자에게도 나쁜 이야기는 아닐 겁니다. 중고품 매매가 자기 수입으로 이어진다면 오히려 거래가 이루어져 더 많은 사람이 사고팔기를 바라는 창작자도 생길 것이기 때문입니다. 실제로 이용자가 구매한 NFT를 2차 유통 시장에서 판매했을 때 창작자나 예술가에게도 일정 금액의 인세가 돌아가도록 하는 서비스도 계속 생기는 중입니다.

게다가 2차 창작 세계에서도 NFT가 기쁜 소식이 될 가능성이 생겼습니다. 2차 창작 작품에 NFT를 적용하면 1차 소재가 되는 캐릭터 등의 권리자인 만화가나 출판사에도 인세를 자동으로 지급하는 시스템을 만들 수 있기 때문입니다.

팬 커뮤니티가 있는 사람의 새로운 수입원

NFT는 만화, 애니메이션, 일러스트, 영화, 게임, 미술 작품, 라이브 공연 등 오리지널 콘텐츠를 만드는 창작자나 예술가에게 새로운 수입원이 될 가능성을 품고 있습니다. 프로 야구나 프로 농구처럼 두터운 팬층이 있는 프로 스포츠나 스포츠 단체, 팬클럽이 있는 음악가나 연예인, 커뮤니티를 운영하는 사교 모임이나 고정 팬이 있는 유튜버 등에게도 NFT는 새로운 수입원이 될지도 모릅니다.

코로나19 탓에 한곳에 모일 수 없게 되자 팬과의 거리는 멀어지고, 이런 상황에서도 어렵게 창작 활동을 이어온 창작자도 드물지 않습니다. 이런 창작자가 NFT를 이용하면 콘텐츠 제작에 드는 비용을 직접 회수할 수 있을 뿐 아니라 팬과 더 깊은 인연을 맺을 수 있습니다. 중간에 낀 사람이 없어지면 그만큼 창작자의 몫이 많아질 테니, 예상컨대 고정 팬 천 명 정도라면 생활에 어려움을 겪지는 않을 겁니다. 한편, 이를 떠받치는 팬으로서도 좋아하는 창작자를 직접 응원할 수 있다는 사실에 더 큰 기쁨을 느낄지도 모릅니다.

NFT에는 이처럼 친밀하고 자그마한 경제권을 움직이는 힘이 있으며 이보다 훨씬 큰, 한 분야의 산업을 근본적으로 바꿀 파괴력도 있습니다. 앞으로도 계속 NFT를 지켜봐야 할 이유입니다.

새로운
'디지털 경제권'을 만들다

제 부모님이 어렸을 때인 1960년대는 친구라고 해봐야 근처의 또래뿐이었습니다. 그러나 그로부터 반세기가 흐른 지금의 아이들은 SNS나 '포트나이트' 등의 온라인 게임 또는 디스코드나 VR 챗 속에 친구가 있습니다.

친구뿐만 아니라 다양한 커뮤니케이션이 스마트폰이나 PC를 통해 디지털 세상에서 이루어지고 하루 대부분의 시간을 디지털에 소비합니다. 여러분도 스마트폰의 스크린 타임으로 사용 시간을 확인해 보세요. 매일 몇 시간씩 스마트폰을 보고 있나요? 저는 하루 평균 6시간, 즉 4분의 1을 스마트폰을 보며 지냅니다. 컴퓨터를 이용하는 시간까지 포함한다면 디지털에 소비하는 시간은 깨어 있는 시간의 약 80%(!)에 이릅니다.

저는 최근 Meta Quest 2라는 VR 헤드셋을 장만했습니다. 앞으로 가상 현실^VR이나 증강 현실^AR의 완성도가 높아져 기기가 널리 보급된다면 주머니에서 스마트폰을 꺼내지 않고도 더 많은 시간을 디지털에 소비하게 될 겁니다.

이렇게 긴 시간을 디지털 생활에 소비하다 보면, 디지털 세계의 '나'라는 존재를 인정해 주기를 바라는 욕구가 현실 세계의 '나'를 인정해 주기를 바라는 욕구보다 커질지도 모릅니다. 이를테면, 인스타그램에서 필터를 사용하는 것은 마치 화장하는 것과 비슷하고 포트나이트에서 스킨을 사는 것은 유행하는 옷을 입는 것과 마찬가지입니다.

실제 생활보다 디지털 생활에 더 많은 가치를 느낄수록 디지털 생활에 소비하는 시간이 늘고, 이에 따라 새로운 '디지털 경제권'이 생깁니다.

암호자산만으로 생계를 꾸리는 '디지털 경제권'

디지털 경제권의 사례로 게임파이^GameFi(NFT 게임)인 '엑시 인피니티^Axie Infinity'를 소개합니다. 엑시 인피니티는 베트남의 스카이 마비스^Sky Mavis가 개발한 블록체인 게임입니다.

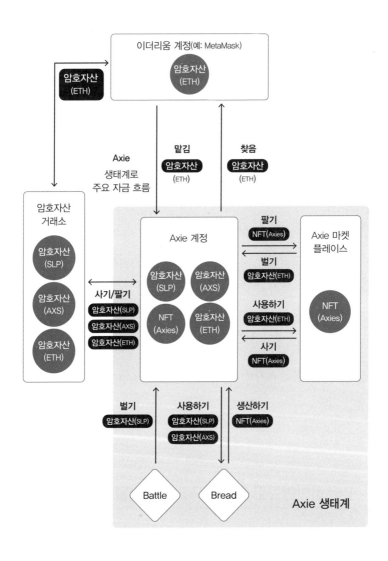

이용자는 게임 안에서 두 종류의 암호자산 'SLP'와 'AXS'를 얻을 수 있습니다. 쓰고 남은 'SLP', 'AXS'는 그대로 탈중앙화 금융DeFi으로 운용하거나 일단 이더 등과 교환한 다음, 달러나 원으로 바꿀 수도 있습니다. 이와 함께 이용자는 직접 기른 몬스터(엑시)나 플레이 중 얻은 아이템을 NFT 마켓 플레이스를 통해 팔 수 있습니다. 대금은 이더로 받으므로 이 역시도 달러나 원으로 바꿀 수 있습니다.

이처럼 이용자는 엑시 인피니티 게임 플레이는 물론, 금전적인 수입도 얻을 수 있습니다. 엑시 인피니티가 인기를 얻으면서 'SLP', 'AXS' 가격이 오르자 NFT 마켓 플레이스도 활성화되고 이용자도 그에 따른 이익을 얻습니다.

이는 어엿한 하나의 경제권입니다. 즉, 엑시 인피니티를 통해 암호자산만으로도 생계를 꾸릴 수 있는 새로운 '디지털 경제권'이 생긴 것입니다.

게임파이는 암호자산을 이용한 애플리케이션의 한 예에 지나지 않습니다. 이 외에도 컬렉션 NFT 게임(NBA 탑샷), NFT 아트(해시마스크), 분산형 거래소(유니스왑), 암호자산 대여 서비스(컴파운드) 등이 이어서 등장했으며, 더 빠른 속도로 다양한 암호자산 전용 애플리케이션이 생길 것입니다.

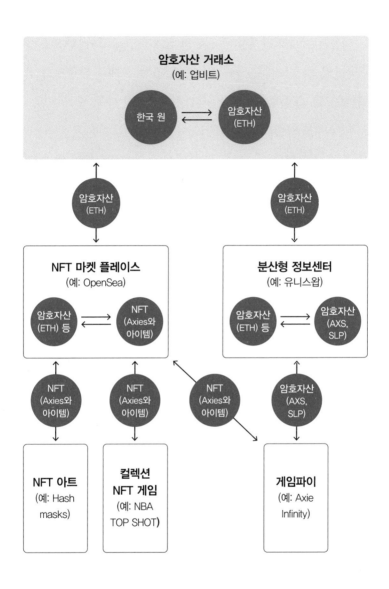

그림 24 암호자산 네이티브 디지털 경제권

이러한 디지털 경제권을 실현할 수 있었던 것은 블록체인이라는 혁신적인 기술 덕분에 시간이나 물리적 거리에 상관없이 누구라도 간단하게, 싸게, 편리하게 암호자산이나 NFT 등의 디지털 자산을 주고받을 수 있기 때문입니다. 이제는 이메일을 보내듯 간편하게 '가치'를 보낼 수 있습니다. 이는 '정보의 인터넷'에서 '가치의 인터넷'으로 진화하는 과정입니다.

도전하는 사람 모두 기회를 얻는 사회

디지털 경제권은 지금부터 규칙이나 구조를 만들어 갈 새로운 세계입니다. 이 세계에서는 도전하는 사람 모두에게 평등한 기회가 있습니다.

저는 디지털 경제권을 만들면 '국적, 나이, 성별, 학력, 사회적 지위 등과 관계없이 도전한 사람 모두에게 기회가 있는 사회'를 실현할 수 있다고 생각합니다. 디지털 경제권을 만들고 싶고 이에 직접 참여하고 싶다고 강하게 바라는 것도 이 때문입니다.

코인체크를 창업했을 때는 암호자산 시장에 규칙도 원리도 없던 시절이었습니다. "암호자산 사업은 금융업이고, 이 업계는 학력을 중시해. 또한 금융 업계 경력이 있어야 하는 등 진입 장벽이 높으니 그만두는 편이 좋을 것 같아." 직접 표현하지는 않았지만, 부정적인 의견이 대부분이었습니다.

저를 생각해 건넨 조언이라는 점에서는 감사하게 생각합니다. 그러나 여러 가지 어려움이 있더라도 이를 각오하고 계속한다면 나이, 학력, 사회적 지위와 관계없이 원하는 바를 이룰 수 있지 않을까? 이런 생각으로 도전을 이어갔습니다.

일본의 수도인 도쿄에서 생활하다 보면 의식하지 못할지도 모르지만 태어난 국가, 태어난 도시, 태어난 연도(나이), 성별(젠더)에 따라 주어지는 기회가 다릅니다.

암호자산만으로 생계를 꾸리는 '디지털 경제권'은 누구에게나 평등한 기회를 부여합니다. 큰 자본도 필요 없으며 집안 배경도 관계없습니다. 성별, 학력, 나이, 사회적 지위 또한 묻지 않습니다. 필요한 단 한 가지는 도전하는 용기뿐입니다.

용기를 갖고 도전하는 사람에게 기회가 오는 사회를 꿈꿉니다. 그리고 디지털 경제권이 생겨나면 코인체크 창업 시 그렸던 이 꿈을 실현할 수 있으리라고 생각합니다.

암호자산은 '가치'를 주고받는 데 이용하는 프로토콜

디지털 경제권의 핵심인 암호자산이란 도대체 무엇일까요? 마지막으로 다시 한 번 생각해 봅시다.

암호자산이라고 하면 급격한 가격 상승과 하락에만 관심을 두곤 합니다. 그러나 암호자산에 대한 투자는 암호자산을 이용한 첫 번째 사례일 뿐입니다. 비트코인 백서를 보면 비트코인은 'P2P 전자 현금 시스템A Peer-to-Peer Electronic Cash System'이자 전자적으로 돈(가치)을 보내는 시스템을 가리킨다는 것을 알 수 있습니다.

즉, 암호자산이란 '가치'를 주고받는 공통 규격(프로토콜)입니다. '정보'를 주고받는 공통 규격에는 TCP/IP, HTTP, SMTP 등이 있습니다. 이들 규격을 정했기에 여러 사람에게 메일을 보내거나 동영상을 보내거나 SNS로 친구와 이런저런 이야기를 할 수 있습니다.

한편, '가치'를 주고받는 공통 규격으로는 비트코인이나 이더리움 등 다양한 암호자산을 들 수 있습니다. BTC나 ETH가 등장하면서 비로소 디지털 자산을 주고받거나 빌릴 수 있게 되었습니다.

'가치 인터넷'이 여는 미래

'정보 인터넷'이 세상에 나온 지도 벌써 반세기가 흘렀습니다. 그리고 50년 이상에 걸친 역사 속에서 용기 있는 도전과 개선이 거듭 이루어졌습니다.

1970년 무렵에는 TCP/IP 개발을 시작했고, 1991년에 월드 와이드 웹www이 등장했으며, 1993년에는 첫 브라우저인 '모자이크'가 첫선을 보이면서 인터넷은 지금의 모습을 갖추기 시작했습니다. 윈도우 95의 등장으로 인터넷 개인 이용이 널리 퍼졌으며 통신 회선도 그때까지의 전화 접속에서 ISDN, ADSL을 거쳐 광케이블망으로 빨라졌습니다. 무선 통신 역시 3G, 4G에서 5G로, 접속 단말기도 PC를 시작으로 휴대전화, 스마트폰으로 변화했으며 SNS로 전 세계와 연결되고 대용량 동영상도 순식간에 내려받을 수 있게 되었습니다. 그리고 오늘날에 이르러 우리의 생활 중심은 디지털 세계, 메타버스로 이동하는 중입니다.

이제 막 태어난 '가치 인터넷' 역시 지금까지 '정보 인터넷'이 걸어온 길을 다시 갈 것입니다. 용기 있는 도전과 개선을 거듭하여 10년 후, 20년 후에는 사회에 없어서는 안 될 기반 시설이 되겠죠. 참고로, 2021년 암호자산 전자 지갑 이용자 수는 1995년의 인터넷 이용자 수와 비슷한 수준입니다. 1995년이라 하면 윈도우 95가 발표되고 가정마다 한 대씩 PC가 보급되기 시작했을 무렵입니다. 브라우저를 통해 많은 사람이 인터넷에 접속하기 시작한, 그야말로 인터넷 여명기였습니다.

그 후 회선 속도가 개선되면서 모바일 통신 보급 등으로 통신 속도가 극적으로 빨라졌다는 것은 여러분도 아는 사실입니다. 고속 인터넷의 보급으로 대용량 동영상 스트리밍 서비스와 라이브 방송 등 다양한 애플리케이션이 등장했습니다.

2021년은 암호자산 거래가 일반에 널리 퍼져 많은 사람이 디지

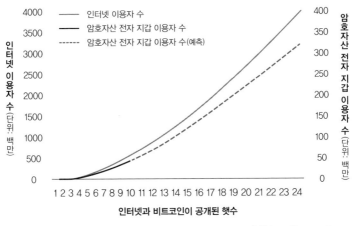

그림 25 암호자산과 인터넷 보급률

털 경제권에 접근하기 시작한, 그야말로 디지털 경제권의 여명기였습니다. 암호자산이 안은 수많은 기술 과제가 개선되면 송금 속도 역시 앞으로는 빨라질 겁니다. 이와 함께 다양한 암호자산 이용 애플리케이션이 개발되어 이제 디지털 경제권은 사회의 기반 시설이 될 겁니다.

제가 근무하는 코인체크 역시 디지털 경제권을 구성하는 참여자 중 하나로, 암호자산을 이용한 애플리케이션을 개발하는 기업이나 탈중앙화된 자율 조직DAO의 용기 있는 도전을 응원하고 '가치 인터넷'의 발전에 이바지하고자 합니다. 이를 통해 도전한 사람이라면 누구든지 기회를 얻는 사회를 실현할 수 있기를 바랍니다.

이 책을 읽은 여러분이 조금이나마 새로운 디지털 경제권 창조와 발전에 흥미를 느끼게 되었다면 글쓴이로서는 더없는 기쁨입니다. 그리고 바라건대 여러분 중에서 새로운 세계를 함께 만들 동료가 한 사람이라도 나온다면 기쁘기 그지없을 겁니다. 10년 후 되돌아봤을 때 이 책을 읽은 사람 중에서 디지털 경제권의 주역이 등장했기를 진심으로 바랍니다. 암호자산의 미래를 만들 주인공은 현재를 사는 여러분과 저이니까요.

Bitcoin

옮긴이 안동현

연세대학교 심리학과를 졸업하고 웹 개발 프리랜서를 거쳐 IT 전문 출판사에서 기획과 편집 업무를 담당했다. 옮긴 책으로『빅데이터 시대, 올바른 인사이트를 위한 통계 101×데이터 분석』,『프로그래머, 수학으로 생각하라』,『처음 만나는 머신러닝과 딥러닝』,『HTML5 & API 입문』,『데이터 해석 입문』,『건강한 프로그래머』(이상 프리렉),『이렇게 쉬운 통계학』(한빛미디어) 등이 있다.

처음 시작하는 비트코인

1판 1쇄 인쇄 2025년 1월 6일
1판 1쇄 발행 2025년 1월 13일

지은이 오쓰카 유스케
옮긴이 안동현

발행인 양원석 **편집 출판기획실**
디자인 신자용, 김미선 **영업마케팅** 윤송, 김지현, 백승원, 이현주, 유민경

펴낸 곳 ㈜알에이치코리아
주소 서울시 금천구 가산디지털2로 53, 20층 (가산동, 한라시그마밸리)
편집문의 02-6443-8842   **도서문의** 02-6443-8800
홈페이지 http://rhk.co.kr
등록 2004년 1월 15일 제2-3726호

ISBN 978-89-255-7408-0 (03320)